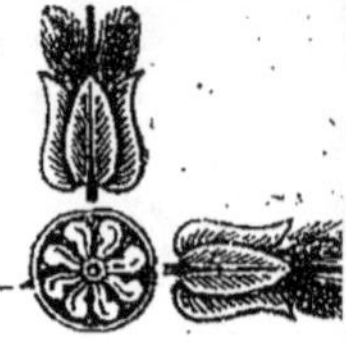

REINE

ET

SOLDAT,

CHRONIQUE DE 1574,

> Dans le crime il suffit qu'une fois on débute,
> Une chute toujours attire une autre chute.
> — BOILEAU. —

> A la cour, les nœuds du sang sont relâchés par l'ambition et rompus par le crime.
> — Recueil de *Pensées inédites*. —

PAR

LE BARON DE LAMOTHE-LANGON,

Auteur de *Monsieur et Madame*, de *Mademoiselle de Rohan*, de *la Femme du Banquier*, de *l'Auditeur au Conseil d'État*, et *des Merveilles de la nature*.

II

LIBRAIRIE DE CHARLES LACHAPELLE,

RUE SAINT-JACQUES, 75.

1838.

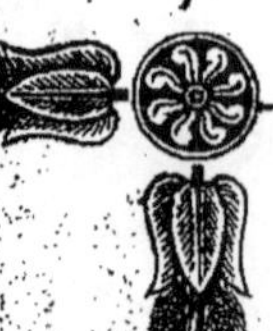

REINE ET SOLDAT.

Ouvrages de Lamothe-Langon.

E. Dépée, Imprimeur, à Sceaux.

REINE
ET
SOLDAT,

CHRONIQUE DE 1574.

Dans le crime il suffit qu'une fois on débute,
Une chute toujours attire une autre chute.
— BOILEAU. —

A la cour, les nœuds du sang sont relâchés par l'ambition et rompus par le crime.
— Recueil de *Pensées inédites*. —

PAR

LE BARON DE LAMOTHE-LANGON,

Auteur de *Monsieur et Madame*, de *Mademoiselle de Rohan*, de *la Femme du Banquier*, de *l'Auditeur au Conseil d'État*, et des *Merveilles de la nature*.

II.

LIBRAIRIE DE CHARLES LACHAPELLE,
RUE SAINT-JACQUES, 75.

1838.

Troisième Partie.

XVI.

Les deux Robert Touchet.

Les nécessités de l'intrigue rapprochent parfois intimement ceux que les convenances sociales séparent, et c'est là le premier châtiment de l'orgueil égaré par l'ambition.

Au milieu de l'agitation où la disgrâce du duc de Guise, et celle présumée du garde-des-sceaux mettaient la cour; lorsque d'une part on voyait le roi de Navarre remplacer en quelque sorte la reine-mère dans le conseil; lorsqu'enfin la défaveur menaçait également le maréchal, duc de Montmorenci, le maréchal de Tavannes et, en apparence, celui de Retz, un fait bien ridicule ne fut pas celui qui attira le moins l'attention des courtisans; et, certes, il devint celui dont on parla le plus.

Brusquet, fou privilégié de leurs majestés, avait toujours affecté un grand luxe dans sa parure; il aimait les couleurs claires, les broderies d'or et d'argent, le collier d'or et de perles, et son bonnet, presque toujours, était empanaché d'un bouquet de plumes que tel en offre un dais de cathédrale. Tout à coup l'insensé changeant de fantaisie, affectant une douleur mystérieuse dont il s'obstinait à taire la cause, parut entièrement vêtu de deuil; les crêpes, les effilés, rien ne manquait; son manteau, contraire à la mode, pendait jusque sur ses talons.

« — Qui as-tu perdu, Brusquet? lui demandait-on. »

Et lui, faisant la sourde oreille, gardait un silence d'où, ni les caresses, ni les menaces, ni même la perspective des étrivières que la reine-mère mit en jeu, ne put lui arracher le mot de cette enigme. On le voyait partout où la gaîté appelait les courtisans; il circulait dans les rangs comme une ombre mélancolique, et lui qui, jusqu'à ce jour, avait inspiré tant de fois le rire, faisait naître maintenant l'envie de pleurer.

Sa manie le portait surtout à se rapprocher le plus possible de la chambre de Charles IX; il demeurait immobile pendant des heures entières en face de S. M., et le roi fut le seul qui ne l'interrogea pas d'abord sur son caprice: celui-ci continuait non à souffrir, mais à se montrer apathique. On le voyait souvent rêveur, abattu, ne paraître songer à rien et se complaire, en quelque sorte, dans le vague de ses idées. La cour ne voyait pas cet affaiblissement, le roi de Navarre ne l'apercevait pas encore.

« — En vérité, disait Catherine au garde-des-sceaux, j'ai peur de troquer de rôle avec mon fou; je me surprends à me tourmenter de la cause de sa nouvelle extravagance. Que veut dire ce deuil dont il s'affuble? y comprenez-vous quelque chose? est-ce une autre preuve de la débileté de sa raison, ou bien cache-t-il là-dessous quelque intrigue, un complot, un avertissement, que sais-je ?

« — Eh madame! répartit l'astucieux Milanais. Votre majesté peut-elle descendre aux actes sans motif d'un être dégradé par la nature! Brusquet peut-il rendre raison d'un des actes de sa vie? sait-il ce qu'il fait ? a-t-il jamais prémédité ce qu'il va dire.

« — Vous ne l'avez pas examiné aussi bien

que moi ; le drôle a plus de sens quel, tel ou tel de nos seigneurs à qui on fait une réputation de sagesse humaine; nous avons l'air de nous moquer de lui, et au fond il me semble que c'est lui qui se moque de nous. »

La reine-mère achevait lorsque Battisti Angelo entra mystérieusement ; et bien que la présence du garde-des-sceaux eût dû commander la retenue, comme il savait la large part que Médicis lui accordait dans sa confiance, il ne balança pas à dire :

« — Votre majesté n'attend-elle pas un soldat qui revient de Varsovie ?

« — Qui? Robert Touchet ?

« — Oui, lui-même.

« — Qu'il entre; et sans retard amène-le dans la chambre isolée; je vais m'y rendre avec le digne garde-des-sceaux, notre très prochain chancelier. »

Birague s'inclina, dissimulant mal sa joie.

Le valet de chambre partit ; et lors on put croire que Robert serait parvenu dans la salle où Médicis avait tenu un conseil privé dont j'ai rendu compte au commencement de cette histoire véridique. S. M. et Birague se mirent à parcourir les corridors obscurs et inconnus au commun des courtisans, et dont l'issue aboutissait au lieu convenu.

« — Où me mènes-tu, Italien trompeur? disait Robert, peu satisfait de franchir tant de voûtes obscures, puis de longs couloirs où jamais la lumière du jour n'était parvenue. Marchons-nous aux oubliettes du Louvre? mes services seraient ainsi récompensés?

« — Par saint Ambroise, répartit l'interpellé; pour un militaire vous ne faites guère montre de courage! les ténèbres vous font peur?

« — Non pas elles, mignon! mais ce qu'ils cachent ces jolis, puits dont on ne trouve pas le fond; ces gentilles roues dentelées qui broient un homme plus promptement qu'elles n'écraseraient une citrouille; et ces machines garnies de rasoirs, de faulx, qui vous séparent de vos membres de telle sorte que lorsque l'on atteint au bas, le plus habile rebouteur y perdrait sa peine s'il les lui fallait réunir de nouveau. En plein air, en face du soleil on vend sa vie... tandis que là il faut en faire cadeau au premier drôle à qui il plait d'en disposer. »

Il achevait, lorsque lui et son conducteur débouchèrent au travers de la muraille, car une dalle se rangea pour leur faire place dans la chambre désignée. Battisti alla prendre dans une armoire tout incrustée de pierres précieuses, de nacre de perle, et ornée de camées antiques d'un prix excessif, une bouteille de vin de Malaga et deux verres; il les emplit et présenta l'un au soldat; mais celui-ci feignant une distraction, posa sur le plateau le dit gobelet en cristal et divinement travaillé, et saisit avec promptitude celui que l'Italien se réservait pour lui. Angelo devinant le manège, se mit à sourire avec une expression de joie tellement féroce, ses yeux dardèrent un contentement si affreux, que Robert qui s'était flatté d'avoir évité un piége, commença à craindre de s'y être laissé choir. Un blasphême horrible lui échappa, et tirant à demi sa dague.

« — Par Satanos, mon cousin, ton allégresse ne sera pas de durée, car à la première épreinte de colique vive que je ressentirai, je te donnerai la charge de mon maréchal-des-logis, et tu t'en iras en enfer préparer notre logement.

« — Allons, poltron fieffé, qui veux jouer l'homme de courage, répartit Battisti; ne vois-tu pas que je me moque de toi? n'as-tu pas fait à mon amitié l'affront de te méfier de ma délicatesse? Je t'en ai puni; vois si ce verre est empoisonné! »

Il dit, et, prenant la bouteille, il acheva de la vider dans le profond et large vidrecome au grand pied, et avala, sans en laisser une goutte, la liqueur, si chaude, si paillée et d'un goût si exquis. Robert, honteux de sa faiblesse, repoussa le manche de sa dague vers son fourreau; peut-être allait-il demander une autre bouteille, mais un bruit léger se fit entendre à une porte voisine.

« — La reine-mère! dit Battisti vivement; allons couard du premier numéro, à genoux! »

Robert ne balança pas à prendre cette posture respectueuse, tandis que Médicis, gravement appuyée sur Birague, s'approcha. Angelo, faisant fonction des chambellans italiens, offrit un fauteuil à son auguste maîtresse, donna un tabouret au garde-des-sceaux, sur le signe que lui fit Catherine, et puis, se reculant jusqu'à la muraille, croisa ses bras et se maintint dans une immobilité respectueuse.

« — Te voilà donc, Robert! dit la reine; je suis charmée de te revoir! » Et un sourire bienveillant accompagna ces gracieuses paroles. « As-tu fait un bon voyage? Comment se porte mon fils ?

« — Sa Majesté polonaise acquiert chaque jour de l'embonpoint, fruit certain de l'ennui. Elle ne vit pas à Varsovie, elle y végète; oui, le roi Henri mourra, si Paris ne lui rend pas la santé!

« — Ce pauvre fils! il souffre donc beaucoup loin de sa mère... elle, ne l'oublie pas. Que nous mande-t-il? »

Robert, à ces mots, entr'ouvrit un bouton de son pourpoint, et retira d'une poche, cachée dans l'épaisseur de la doublure, un gros paquet, qu'il remit aux mains du garde-des-sceaux. Celui-ci le présenta à la flamme d'un trépied où brûlait un feu clair nourri de bois de sandales et d'aloès ; puis, jetant sur les charbons une poudre qui colora d'une riche teinte violette le brasier, il s'en éleva une vapeur forte, enivrante, mais agréable, dont Birague imprégna le paquet; enfin le saisissant avec des pinces de vermeil, il le trempa cinq fois tout de suite et rapidement dans une liqueur blanche et luisante que contenait une large coupe posée auprès du trépied où il le rapporta pour le faire sécher.

Les précautions minutieuses dirigées moins contre la peste, qui n'affligeait ni la Pologne ni l'Allemagne, que contre les substances vénéneuses dont les lettres auraient pu être empoisonnées, ayant, dis-je, cessé, Birague, avec le secours des forces d'or que Catherine sortit de son aumônière, coupa les cordons de soie et brisa les cachets intacts, et qui, eux aussi, avaient été soumis à une sévère vérification. Plusieurs lettres étaient sous ces enveloppes, il y en avait pour la reine, le garde-des-sceaux, le cardinal d'Armagnac, les maréchaux de Montmorenci, de Tavannes, de Retz, pour plusieurs autres, et une particulièrement destinée au duc de Guise.

« — Oh! quant à celle-là, dit la reine, elle aura fort à courir avant d'arriver à son adresse. As-tu appris, Robert, la disgrâce du pauvre duc ton maître?

« — Le roi votre fils l'a ordonné, madame; cela me contraint à me taire, sans me faire renoncer à venger mon capitaine, suivant les sermens des bons serviteurs.

« — Ce n'est pas d'aujourd'hui que je fais observer à la reine que Robert Touchet est un homme solide et digne d'être récompensé.

« — Je ne m'y refuserai pas, répondit la

reine, et je le nomme dès aujourd'hui tiers-lieutenant dans mon régiment des gardes, avec une solde de six mille livres tournois (1). Battisti, en outre, lui comptera deux mille écus d'or à part les frais de route, et voici une bague que je lui défends de jouer, de donner à ses maîtresses ou de mettre en gage, et qu'il gardera toujours en mémoire de moi.

« — Vive la grande reine ! s'écria le soudart, » tandis qu'il jetait en l'air son chapeau, tant il lui était impossible de se maintenir long-temps dans la réserve de l'étiquette; d'ailleurs, la grandeur de la récompense l'éblouissait. Médicis se mit à sourire du laisser-aller de sa joie grossière. Le garde-des-sceaux qui, pendant ce temps, avait réfléchi :

« — Madame, se mit-il alors à dire ; il me

(1) Cette somme représentait environ de vingt-quatre à trente mille francs de nos jours.

semble qu'il serait plus profitable pour la reine de placer cet homme dans le service du roi que dans le sien particulier ; il y a, je sais, un grade semblable qui est vacant chez les gardes du seigneur-roi. Là, dans ce poste, Robert serait utile, d'autant que vous ne pouvez faire fond sur aucun des officiers de sa majesté.

« — Quelque peine que j'aurais à quitter déjà ma bonne maîtresse, je m'y résoudrais, répliqua le nouveau lieutenant, si je ne pouvais vous faire avoir par une autre voie ce qui vous manque. »

Les regards de la reine, ceux de Birague lui dirent de s'expliquer ; il allait le faire, lorsque le son d'un sifflet retentit sous le berceau des voûtes : chacun écouta.

« — Je crois que l'on t'appelle, Battisti, dit Médicis ; oui, c'est toi que l'on réclame, et certes, pour un cas important ; vas-y voir, et tu me rendras compte de ce qui se passera. »

Le valet de chambre se prosterna presque jusqu'à terre, tant ses révérences furent marquées, et puis il s'en alla; un signe alors de la reine enjoignit à Robert de continuer.

« — J'ai, dit-il, laissé pour courir le monde une sœur accorte, fringante presque, et bien capable de se garder dorénavant sans péril, attendu qu'il ne lui reste plus rien à perdre. Cette donzelle a profité de mon absence pour se lier d'amour à un compère officier dans la maison du roi...

« — Quel est son nom? demanda Médicis avec vivacité.

« — Ma foi, je ne m'en suis pas informé; c'est un gaillard jeune encore, bien planté, de bonne mine; je présume que, par ma sœur d'un côté, et de l'autre avec un sac de belles monnaies d'or, augmentées de promesses royales, on obtiendrait facilement son concours.

« — Sois prudent, Robert ! dit le chef de la magistrature ; ne compromets personne ; mais si tu vois jour à gagner cet officier, s'il est surtout bon catholique, vas en avant, assure-le de sa fortune et de la riche dot que lui portera ta sœur. Dès que tu auras appris son nom, tu viendras à moi, tu m'amèneras ton nouveau frère, je l'endoctrinerai et tout sera dit. »

Médicis, après l'instruction de Birague, se remit à parler de son fils, le roi de Pologne.

« — Qu'il me tarde de le revoir, dit-elle, ne fut-ce que pour un jour !

« — Ah ! madame, osa dire le soldat effronté ; s'il revient en France, il ne faut plus qu'il en sorte ; et s'il perd la couronne polonaise, c'est à votre majesté à lui en rendre une plus puissante et plus belle.

A cette allusion audacieuse, Médicis tressaillit, et Birague se mit à rire.

« — Misérable ! tu serais en état de trouver le moyen de la lui assurer ?

« — Le tout, messire, dépend de la somme et des sûretés d'icelle.

Ici la conversation fut encore interrompue par le retour de Battisti Angelo. Les trois auditeurs n'eurent qu'à l'examiner pour deviner qu'il apportait quelque chose de majeur. Lui alors :

« — Je dirai à la reine, si elle me le permet, qu'un cas bien extraordinaire se présente.

« — Lequel, Battisti ? Presse-toi ; la vie est un capital : malheur à qui n'en emploie pas la moindre parcelle !

« — Je viens d'être appelé, j'ai suivi le valet de chambre, et j'ai trouvé un homme ayant le chapeau rabattu sur les yeux, le manteau monté jusqu'au-dessus de la bouche, qui veut parler à la reine. A l'entendre, il arrive de

Varsovie; il porte des lettres du roi de Pologne, et il dit se nommer Robert Touchet.

« — Robert Touchet! s'écria le soldat en faisant un bond qui épouvanta la reine.

« — Qu'est-ce? dit Birague.

Et Catherine :

« — Battisti, explique-nous cet incident.

« — Ma très redoutable et chère maîtresse! qu'ajouterais-je à ce que je viens d'énoncer? Cet homme cache sa figure, prend le nom de Robert Touchet, et prétend arriver de Varsovie.

« — Mais, dit la reine, celui-ci ne t'est-il pas connu? ne l'est-il pas de moi, du garde-des-sceaux, de toi-même?

« — Grande reine! reprit le soldat, ce brigand de première classe est un voleur de nom, un scélérat sans foi, sans probité; il aura entendu parler de moi, et se sera flatté qu'un drôle de mon acabit n'était pas connu de votre majesté : là-dessus, il aura bâti sa fable.

« — Je pense comme toi, dit Birague; mais un tel coquin mérite d'être branché.

« — Non sans avoir été entendu, se permit de dire Battisti.

« — Oui, ajouta Robert, la reine devrait ordonner sa venue; monseigneur le chancelier procéderait à son interrogatoire, puis Battisti et moi l'ayant cousu dans un sac, le jeterions dans la Seine, et puis : *Laissez passer la justice du roi* (1).

Sur un signe de Médicis, Angelo sortit vite. On attendit son retour avec une extrême

(1) Dans le moyen-âge, le supplice qui consistait à nouer un homme ou une femme dans un sac et à le jeter à l'eau, était très commun. On a prétendu que Louis XI faisait écrire sur ces sacs : *Laissez passer la justice du roi.* Je doute de ce fait. Comment l'eau aurait-elle respecté l'inscription, à moins que celle-ci ne fût brodée. On a tant calomnié ce monarque, et je lui vois faire de si grandes choses, et je le vois tant aimé du peuple, que je crois que comme Figaro; *il vallait mieux que sa renommée.*

impatience; il tarda peu à reparaître. Celui qu'il amenait marchait d'un pas si ferme, sa contenance était si hautaine, que l'on perdit l'opinion que ce fût là un malfaiteur. Il ne salua que la reine, et ce fut avec une grâce, une courtoisie parfaite. Bien qu'il n'eût pas encore sorti son chapeau, Birague n'eut de lui qu'un geste amical; puis il attendit. Le garde-des-sceaux alors :

« — Tu dis t'appeler Robert Touchet?

« — Je l'ai dit.

« — Ce nom est-il le tien?

« — Que vous importe?

« — Voici un cavalier qui le réclame pareillement.

« — Bon; je ne croyais pas qu'il valût la peine qu'on se le disputât.

« — Halte-là, camarade, s'écria le vrai Robert, je tiens à mon nom.

« — Prends-en un autre.

« — Lequel ?

« — Celui que j portais naguère. Tu ne perdras pas au change.

« — Et je serai votre caution, monsieur le duc de Guise, dit Médicis qui le reconnaissait à sa voix... Vous ici ! quelle imprudence !

Le chapeau, la mante tombèrent, et bien que le prince lorrain portât de simples habits, il parut avec un éclat inexprimable. Tandis qu'agenouillé devant la reine douairière, il lui baisait la main, Birague lui manifesta tout ensemble son plaisir de le voir et la crainte aussi que lui causait sa démarche. Quant à Robert, passant de la colère à la joie excessive, il courut, lui aussi, se prosterner devant le duc, baisa le pan de son petit manteau, en criant avec étourderie : *Vive mon capitaine ! vive le noble duc !*

« — Ah ! madame, dit à son tour le survenant ; il m'est insupportable de quitter Paris et d'aller vieillir dans la mélancolie de l'exil. La colère du roi n'est moins redoutable que ne me serait pénible d'être loin de vous. Présent, j'activerai mes amis, je vous serai utile, je vous servirai vous et mon maître, le roi de Pologne. Ma suite descend vers le Rhône en partie; celle-là débite que je fais route avec l'autre partie qui, prenant par l'Auvergne et Montpellier, suit l'intérieur du royaume; et elle, de son côté, affirmera que je vais m'embarquer sur le Rhône. Ainsi je tromperai les espions. Mais, de par Dieu! ne me commandez pas de vous quitter, et pardonnez à Battisti le badinage de mon entrée.

Médicis, au fond, n'était pas fâchée que le duc de Guise se mît en quelque sorte en ôtage dans sa main. Déjà elle parlait de le loger incognito dans cette même salle; mais lui, dont la confiance envers l'Italienne n'était pas complète, déclara nettement que le Louvre ne lui paraissait pas sûr, qu'il préférait, en cas de péril, avoir la clef des champs, et qu'il irait loger avec Robert Touchet, dans une maison de chétive apparence, où certes on ne le soupçonnerait pas.

La reine ne fit aucune objection ; elle remit au duc la lettre que le roi de Pologne lui écrivait. Puis Robert ayant été emmené par Battisti Angelo, pour qu'il lui comptât les sommes accordées par S. M., celle-ci demeura en conseil secret avec le duc de Guise et Birague. Il était tard lorsque Robert, suivi de *son camarade,* franchit le pont-levis du Louvre. Il mena le nouveau venu à la rue Maubuée, et le logea, non chez un baigneur, maison ouverte à trop de monde, mais chez une bonne dame, veuve d'un audiencier du Palais, qui, pour augmenter ses revenus, louait en garni son logis mesquin et resserré.

XVII.

La Découverte.

Comme dans les conspirations la force des choses amène toujours l'alliance de l'étourderie avec le crime, le châtiment de celui-ci a déterminé l'irréflexion de celle-là.

Deux jours après ces derniers évènemens, Robert Touchet se présenta chez sa sœur ; un changement notable s'était effectué sur toute sa personne : à la place du mauvais chapeau qui couvrait son chef, un fin castor d'Espagne garni d'une double dentelle d'or et paré de trois plumes blanches et rouge, au blason des Guise attirait d'abord les regards; puis le pourpoint de velours noir, épinglé et fileté d'or, les hauts-de-chausses en velours rouge avec des crevets de satin blanc, bordés de galons d'or qui paraient aussi les jarretières; ses bottes larges de beau cuir de Russie embaumait; il portait un mantel de la même étoffe que le haut-de-chausses, et rehaussé de sept larges galons d'or, la doublure en beau gros de Tours; l'épée d'acier d'Angleterre, la dague milanaise, un ceinturon de buffle attaché par une boucle d'or, des pendans de perles à ses oreilles, mode qui commençait à prendre, et enfin, une grosse chaîne d'or faisait plusieurs fois le tour de son cou; un vaste manteau de drap bleu, orné d'une légère broderie d'argent recouvrait cette parure élégante et de bon goût quand la pluie troublait la sérénité de l'air.

Il était aisé de reconnaître que l'exquise délicatesse du prince lorrain avait guidé le nouveau lieutenant des gardes de la reine Catherine de Médicis. Robert se présenta tellement à son avantage devant sa sœur, qu'elle si charmée de le voir une fois en costume d'honnête homme, lui en fit son compliment.

« — Hélas! mignonne, répondit-il; le diable, malgré sa malice, ne peut être toujours à la porte d'un pauvre homme; du reste, j'ai assez long-temps tiré sa queue pour que le temps de me reposer soit venu.

« — Je suis charmée, Robert, répliqua la jeune fille, que ta position se soit améliorée.

« — Vraiment, nous ne sommes plus un soldat, un sacripand, un de ces drôles de la rue, à qui tous commandent qu'on insulte, et qui doivent répondre merci sous peine d'aller coucher en prison... Tel que tu me vois, ma divine, on comptera désormais avec moi; j'ai pignon sur rue, je suis courtisan, et vienne un mois, et je logerai à la cour.

« — Toi, mon frère! et quelle bonne étoile à lui?...

« — Tu peux le dire, elle est bonne; je suis tiers-lieutenant des gardes de la reine-mère, et mon service commencera dans vingt-quatre jours.

« — Tiers lieutenant des gardes, toi!...

« — Oui, moi, sœurette! moi, qui suis enfin récompensé de mes travaux de mes services, de mon dévouement; moi, qui suis le serviteur de la reine, le compagnon du chancelier de France et le camarade du duc de Guise.

« — Tu perds la raison, cher ami!

« — Il te semble que les effets répondent aux paroles. Tiens, serre ceci, c'est mon cadeau de noces, car tu te marieras bientôt; ne perds pas cette bourse, ce ne sont pas jeux d'enfant; elle est remplie de cinq cents écus d'or au soleil, et presque tout neufs.

« — N'as-tu pas aidé à dévaliser un change?

« — Voilà comment on a la manie de juger toujours le présent par le passé. Mes écus viennent de bon lieux; ils sont gagnés honorablement, et je défie à tout archer, records, sergent d'y flairer une odeur de pillage.

« — Dans ce cas, grand merci, Robert! et je vois que ton cœur vaut mieux que ta tête.

« — Crois-m'en, Marie, datons seulement d'aujourd'hui, sois-moi sœur gentille, je te serai frère grâcieux. J'ai un rang à tenir, une existence assurée; je ne peux que gagner aux évènemens à venir: confie-toi à mon amitié, je veux ton bien, ton bonheur; et si ton amant est sage, tu entreras dans sa maison avec une dot de vingt mille écus d'or.

« — Où les prendrai-je? se mit à dire en

riant la jeune fille ; je crains que malgré ton opulence tu ne puisses, toi, me les fournir.

« — Moi, non, je l'avoue ; mais il est une dame, celle-là peut tout ce qu'elle veut, et si ton amant est raisonnable, elle voudra pour vous deux tout ce qu'elle peut.

« — Je m'y perds, répartit Marie en élevant au ciel ses beaux bras.

« — Tu te retrouveras mignonnette, belle ; laisse-moi causer seulement avec ton godelureau pendant une heure. A propos, viendra-t-il aujourd'hui ?

« — Je... je l'espère.

« — Allons, soit ; l'espérance est une belle chose... Mais en attendant qu'il arrive, ne pourrais-tu me donner un verre de vin ; je suis diablement sobre depuis deux jours, et mon gosier est en feu. »

Marie n'osant pas refuser ce que son frère demandait, surtout après le beau présent qu'il lui a fait, alla elle-même chercher une bouteille de vin de Bordeaux, alors inconnu à Paris, et que Massot faisait venir par fantaisie. Marie apprit à son hôte la nouvelle position de son frère, et que loin, cette fois, de prétendre à piller l'appartement, il y avait déposé cinq cents écus d'or en pur don pour elle.

Massot félicita la brodeuse qui, remontant vite, servit à son frère la bouteille et une portion de galette... Au deuxième verre, malgré la bénignité du vin de ce cru, Robert sentit sa tête s'échauffer.

« — Oh! hé! sœurette, dit-il; oh! hé! ne fasse pas la prude; chante-moi une chanson terriblement farce.

« — Je suis enrhumée, mon frère.

« — Mijaurée, tu veux te faire prier; à d'autres; tu chantes à ravir, et tu me refuses?... Eh bien! puisque tu ne veux pas que je t'entende parler, morbleu, à ton tour, tu m'entendras.

Il dit, se versa une troisième rasade, et se mit à chanter une chanson qu'il avait apprise, disait-il, d'un anspessade de son régiment.

DÉPART DES AMOURS.

CHANSON.

Sans bruit ainsi vous me quittez;
Amour, cela n'est pas honnête :
Adieu plaisirs et voluptés.
Quoi! tu pars aussi Fanchonnette?
Tu jurais de m'aimer toujours;
Ta parole était éphémère.
Vous me fuyez à mes vieux jours,
Amours ingrats autant que votre mère!

Je le sais, mon front a blanchi;
Ma voix est presque tremblotante:
Deux fois ma valeur a fléchi,
De Fanchon j'ai trompé l'attente.
Elle, sage dans son printemps,
Ne poursuit pas une chimère;
Vous la suivrez dans peu d'instans,
Amours ingrats autant que votre mère!

En vain plus tard vous reviendrez,
Pour vous jouer de ma faiblesse;
Sans succès, alors vous voudrez,
Me plonger en folle liesse.

A qui s'approche du tombeau,
Qu'importe une flamme éphémère,
La raison sera mon flambeau.
Amours ingrats, autant que votre mère !

Je sais qui me consolera,
De la perte de ma jeunesse ;
Dans mon verre, à flots coulera
Le meilleur vin que je connaisse.
Grâce à lui du chagrin rêveur,
J'adoucirai l'épreinte amère.
Riant de vous en franc buveur,
Amours ingrats, autant que votre mère !

A chaque couplet terminé, Robert prétendait que la politesse faisait un devoir d'abreuver la musique ; il s'y porta si bien que la bouteille était bue, et lui non pas ivre, mais dans cet état d'hilarité où tout se peint en beau, où le cœur expansif ne sait pas cacher ce qui l'occupe. Robert ayant soulevé le verre et n'y trouvant plus rien, pencha la tête sur la table pour ramasser, disait-il, ses idées, et il y donna tant de soin que le sommeil tarda peu à le saisir.

Marie le regardait en riant, et néanmoins se trouvait heureuse que son frère eût échappé à la misère, et par conséquent aux vices qu'elle traîne à sa suite. Elle, encore, se demandait quelle serait la proposition que Robert ferait à son amant, et ceci la tourmentait beaucoup, lorsque l'objet de ses pensées perpétuelles entra.

Il était encore moins gai, moins agile que la dernière fois; il tenait à la main une boîte qu'il examinait avec une attention extraordinaire. Marie, à sa vue, courut à lui avec empressement; elle sentit qu'il tremblait, et elle lui en demanda la cause.

« — Je l'ignore, répondit-il; mais chaque jour me trouve plus frappé de lassitude que la veille : ma tête devient lourde, mes yeux s'obscurcissent, et mon sang a peu de chaleur. Au reste, si j'en crois Brusquet, le fou du roi, je porte dans ma main le remède à ce mal bizarre.

« — Qu'est-ce? demanda Marie avec empressement.

« — Ce sont des pilules composées par un fameux empirique. Tu sauras, ma chère amie, que depuis plusieurs jours, le fou Brusquet, au lieu de se vêtir avec une magnificence ridicule, selon sa coutume, affectait de porter, non-seulement des habits noirs, mais encore de grand deuil; et avec cette parure lugubre, se promenait sans relâche autour de moi. Seul de la cour, plaignant son malheur, je ne le questionnai pas touchant sa dernière fantaisie. Lorsque ce matin, fatigué enfin d'apercevoir devant mes yeux cette manière de catafalque :

« — Eh! Brusquet, lui ai-je dit, de qui es-tu en deuil?

« — Du roi, m'a-t-il répondu.

« — Drôle! me suis-je écrié, tais-toi, car on t'assommera si tu répètes ce propos.

« — Qu'on m'assomme, soit, mais je dis

vrai, je porte le deuil du roi, parce qu'il n'a que peu de jours à vivre, à moins toutefois qu'il ne prenne cet orviétan, souverain contre le poison qui court dans ses veines.

« — Epouvanté des propos de ce malheureux, dont les sentimens sont bons et qui aime le roi avec une affection sincère, je lui ai pris cette boîte avec promesse de la remettre aux mains de S. M., à condition que lui-même se défera de son costume nocturne, et reprendra celui plus gai de sa profession. Du reste, je n'ai pu tirer de lui d'où il a pris qu'un complot où le poison était employé menaçait les jours de son souverain. Le roi n'ose pas faire usage de ces pilules; il me les a données, et j'ai envie d'en essayer.

« — Montre-les moi, répliqua la jeune fille avec une sorte d'indifférence. La boîte passa dans ses mains; elle l'ouvrit, regarda les petits globes dorés et argentés qu'elle contenait.

« — La couleur était indifférente?

« — Brusquet m'a dit que oui.

« — Et par jour combien fallait-il en prendre ?

« — Selon son ordonnance, ce serait quatre sans danger.

« — Eh bien! demain tu sauras si Brusquet est un honnête fou, ou si réellement cet orviétan est nuisible.

Elle dit, prit quatre pilules et les avala avant que son amant eut pu l'en empêcher.

« — Eh bien! dit-il en lui arrachant l'apozème, si ton dévouement te donne la mort, je n'aurai pas la douleur de te survivre. Et lui aussi prit la même dose que Brusquet avait fixée.

Le cri d'effroi qui échappa à Marie dans ce moment, retira de son sommeil bachique le tiers-lieutenant, Robert Touchet. Charles, trop occupé de son amie, ne s'était pas aperçu que ce demi-ivrogne cuvait son vin au fond de la chambre, et à trois quarts caché par la grande ampleur du rideau de la fenêtre. Au bâillement prolongé de l'ex-soldat, Charles se tournant vers Marie, lui allait demander ce qui ramenait ce mauvais sujet, lorsque Robert ouvrant les yeux et retrouvant en sa présence celui qu'il avait mission de chercher :

« — Mille bombes! s'écria-t-il, c'en est donc fait, mon étoile ne cessera plus de m'être favorable. Eh bien ! mon cher ami, à peine si nous nous sommes vus encore, et cependant je me sens pour vous tant d'amitié, qu'intérêt de ma sœur à part, j'ai formé le plan de vous conduire à la fortune.

« — Vous, l'ami? lui fut-il riposté du ton le plus méprisant.

« — Or ça, ne faites pas, ou plutôt ne fais pas la petite bouche, car je ne vois pas pourquoi je conserverais la cérémonie avec le mari incognito de ma sœur. Je suis un homme d'importance, entends-tu? et de la cour comme toi.

« — Vous?

« — Oui, moi! et encore en haut grade; il y a deux jours que je suis nommé tiers-lieutenant aux gardes de la reine-mère.

« — Vous, l'ami? dirai-je encore.

« — Il paraît que cela est vrai, ajouta Marie, que les yeux de son amant allèrent interroger.

Charles, surpris de cette confirmation, et plus encore de la chose, comprenant qu'un aussi indigne choix devait avoir été provoqué par des services importans qu'il lui serait utile à lui, roi, de connaître: en conséquence, il se rapprocha, en tâchant de ne pas faire éclater son mépris pour Robert.

« — Ainsi donc, lui dit-il, votre faveur est solide; je vous en félicite. Il y en a au Louvre qui, depuis leur plus tendre enfance, servent avec zèle, sans pour cela être mieux récompensés.

« — Et tu serais de ce nombre, camarade? répondit Robert en l'examinant avec attention.

« — Oui; et de plus, bien mécontent des injustices que j'éprouve, et souhaitant fort de trouver une occasion de me revancher.

« — Et tu serais un homme sans cœur, si celle-là, s'étant présentée, tu ne te hâtais pas de la saisir.

« — Qu'elle vienne, et on verra ce que je saurai faire, répartit Charles, qui reprit en lui tout l'art de dissimulation que sa mère avait cherché à y faire naître... Mais, poursuivit-il, le moment n'est pas bon : le roi a recouvré sa puissance. Guise est exilé, Montmorenci va l'être; Birague, demain ou après-demain, cède les sceaux au vénérable Lhôpital. Tout tremble à la Cour, et la reine-mère elle-même.

« — Et voilà comment les hommes à courte vue voient les choses de travers... Tu es de la Cour, dis-tu ? c'est possible ; du moins tu ne sais pas ce qui s'y passe.

« — Et tu le saurais mieux? répliqua Charles impatienté d'être traité familièrement par un misérable, sans lui rendre la pareille.

« — Je vais t'en donner la preuve, si tu veux cheminer d'accord avec moi.

« — De quoi s'agit-il ?

« — Débutons par une question incidente. Aimes-tu ma sœur ? »

Un doux regard, un baiser échangé sans trop s'embarrasser de sa présence, lui prouvèrent mieux que de vaines paroles l'état du cœur de l'officier de la chambre du roi.

« — A merveille, mes enfans! s'écria Robert, qui, cédant de plus en plus aux influences d'un vin généreux, perdait, avec la raison, le sentiment de ce qu'il aurait dû taire, ou du moins ne révéler qu'après des précautions infinies ; à merveille ! mais l'amour a peu de durée si la fortune ne l'accompagne pas. Or, cette fortune, il dépend de moi de te la procurer, et toi de la mériter. J'ai charge de t'offrir la main de ma sœur avec vingt mille écus d'or, autant pour toi, le titre de capitaine de cent hommes d'armes et le collier de Saint-Michel, si tu veux faire acte de gràtitude envers de généreux seigneurs.

« — Voilà qui est parler, reprit l'amant de Marie ; mais comme je possède un sort certain, je ne serai pas assez sot que de le perdre sans savoir positivement à qui je m'allierai, et quel sera le but de cette alliance.

« — C'est sermoner en Caton ! s'écria Robert. Oui, mon ami, il est juste que l'on ait en toi de la confiance ; mais auparavant, tu dois faire, sur le saint Evangile, un bout de serment par lequel tu dévoues ton âme au diable et ton cœur à mon poignard, si tu révèles au roi les secrets importans dont je vais te faire part.

« — Volontiers, et je te jure que ce sera toi qui en instruiras le roi et non qui te parles. »

Marie alla chercher le livre sacré, et Charles y portant la main, prononça le serment sans valeur qu'on lui demandait.

« — Maintenant, dit-il, que vas-tu m'apprendre?

« — Que le roi doit mourir pour notre bonheur commun.

« — Le roi!

« — Tu frémis, Lothaire, tu pâlis, qu'est-ce que cela signifie? demanda Robert impétueusement.

« — Mais, lui fut-il répondu avec une tranquillité décevante, crois-tu que ce soit chose commune à entendre que le complot de mettre le roi à mort. D'abord, pourquoi périra-t-il?

« — Tu nous le demandes? Parce que c'est un bourreau sanguinaire, un tigre affamé du sang de ses sujets.

« — Lui, grand Dieu!

« — Oublies-tu la Saint-Barthélemi?

« — Non.

« — Coligny égorgé avec son gendre?

« — Ceux-là sont toujours devant moi.

« — Cent mille protestans tombant sur toute la face du royaume, sous le couteau des assassins désignés par le roi.

« — Sa mère a tout fait.

« — Pourquoi la laissa-t-il faire? pourquoi reste-t-il roi, s'il n'a pas de force contre le crime, et s'il n'en trouve que pour immoler la vertu? dit à son tour Marie avec véhémence. »

Charles, confondu d'entendre celle qu'il aimait tant se joindre à Robert pour l'accabler:

« — Eh! Marie, dit-il, toi aussi; que t'a-t-il fait?

« — L'infâme! il a tué mon père.

« — Ton père?

« — Oui. N'était-il pas à la fenêtre du Louvre pendant le massacre fameux? ne tirait-il pas des coups d'arquebuse sur les calvinistes qui passaient l'eau? Une de ses balles atteignit mon père, et ma vie entière sera consacrée à le maudire et à le haïr.

« — Oh! tais-toi, tais-toi! Que la malédiction d'une fille adressée à l'assassin de son père a de force, qu'elle doit être puissante auprès de Dieu! Oui, si Charles est coupable, du moins est-il bien malheureux.

« — Maintenant, reprit Robert, prendras-tu sa défense? ne nous accorderas-tu pas le droit de le détester et de le punir?

« — Soit! Que les huguenots le poursuivent, c'est leur droit, Charles n'est plus leur roi; du moins les catholiques prendront sa défense, et ceux-là ne le trahiront pas.

« — Tu es un pauvre homme! répartit Robert en ricanant : si Charles ne s'appuie que sur les catholiques, il sera bientôt abattu. Les protestans, aujourd'hui, se taisent; ses ennemis sont dans sa maison, dans sa famille.

« — Nomme-les. »

Charles prononça ces mots avec tant d'action, que Marie porta sur lui un regard étonné; et malgré son ivresse, Robert comprit confusément qu'il avait été peut-être trop loin; mais le roi, devinant à son tour combien il devenait nécessaire de replacer sur les yeux du soldat mécréant le voile prêt à en tomber, refoula l'émotion pénible et la poignante douleur qui l'avait surpris aux paroles désespérantes de Marie, et se remit à parler ainsi :

« — Vous avez, mes amis, sans doute de grands droits à poursuivre votre vengeance, et moi qui ne parle pas de la mienne, croyez que j'ai bien aussi celui de chercher à confondre mes ennemis.

« — Tu deviendrais donc des nôtres, Lothaire? et franchement, et sans arrière-pensée?

« — Oui; pourvu d'abord que l'intérêt de Marie fût assuré; mon amour veut tout pour elle et ne demande rien pour moi. Ensuite, comme je ne me soucie pas de me trouver, seul homme de la cour, mêlé à des gens obscurs, ce que je crains bien qu'il n'y ait uniquement parmi ton monde, j'entends que tu me fasses connaître tous ceux auxquels je me lierai.

« — Soit! ceci est juste et raisonnable, je ne demande pas mieux. Tu as promis le silence, et tu ne seras pas plus indiscret touchant les personnes augustes auxquelles je te rallie. D'abord, ce soir nous prenons heure, et demain je t'abouche avec le troisième chef de l'entreprise, mon ami le duc de Guise.

« — Ah! Marie, s'écria Charles en faisant

un geste tout à la fois de mépris et d'impatience, je savais bien que ton frère ne pouvait parler sérieusement.

« — Qui te le fait penser?

« — Tes dernières paroles. Demain tu m'abouches avec le duc de Guise; ne sais-tu donc pas que depuis quatre jours le roi ayant banni cet arrogant personnage, il chevauche depuis ce temps-là sur la route d'Aix.

« — Oui, voilà ce que croit le roi. Quant à ce qui est, le voici : Le duc de Guise a feint de partir; il est revenu le lendemain de sa sortie de Paris, et j'ai assisté à son entrevue avec la reine-mère.

« — Médicis l'a reçu?...

« — Il y avait avec elle le garde-des-sceaux et moi.

« — La reine-mère est donc contre m... son fils?

« — Le complot est son ouvrage. On m'a

fait partir, il y a plusieurs mois, pour aller en Pologne prendre les derniers ordres du roi Henri. Il attend, prêt à revenir en France, le moment de l'abdication, ou la nouvelle que Dieu et les conjurés ont disposé des jours de Charles IX.

« — Et c'est Médicis qui règle toutes ces choses?

« — Que veux-tu, cette femme aime le pouvoir, le roi le lui retire, elle veut le reprendre, et dans la lutte, le plus faible succombera; au reste, elle croit que le roi, tombé dans un marasme mélancolique, ou la déclarera régente, ou abdiquera, et demain, dit-elle, une dernière conversation avec son fils, décidera de l'avenir.

« —Ainsi, dit Charles, en cherchant à bannir une amertume que l'immensité de son désespoir amenait par force, nous serons soutenus, nous autres chétifs, par la reine-mère; le roi de Pologne, le duc de Guise et Monsieur de Birague... Sont-ce là tous les conjurés?

« — Bon, ajoutez-y les maréchaux de Retz et de Tavannes, le marquis d'Effiat, le cardinal d'Armagnac, le vieux Montluc, Joyeuse d'Épernon.

« — Et le duc d'Anjou?

« — Il ne sait rien; ce n'est point parce qu'il aime le roi, car il le déteste; mais à cause de la jalousie qu'il porte au roi de Pologne.

« — Ainsi, le roi a contre lui tous ses proches; mais Henri de Bourbon...

« — Est marqué en lettres rouges, on ne lui pardonne pas sa faveur.

« — Et toi, quelle preuve as-tu de telles allégations?

« — A tout autre que toi, je ne les ferais pas connaître; mais tu vas être mon frère, nos intérêts seront alors confondus ; Marie t'aime. Écoute-moi, instrument de la cour, je pouvais devenir sa victime, et pour la mettre à jamais dans le cas de me rendre important, et à craindre, en cas de besoin, j'ai depuis deux ans que je sers de courrier à ces hauts personnages, enlevé, saisi ou détourné des lettres, des notes qui les compromettent tous. Par exemple, naguère à Varsovie, la veille de mon départ, je pus mettre la main sur toute la correspondance que j'avais moi-même apportée ; charmé de l'acquisition d'un tel trésor, je le gardais, comme dit le proverbe, en guise de poire pour la soif, et je te montrerai demain chez moi, à l'ancien logement de Marie que tu dois connaître, un portefeuilles garni de morceaux précieux, et que les intéressés paieraient à prix d'or pour les racheter... Mais au diable! pérorer si long-temps sans s'humecter la bouche, je meurs de soif.

Allons, emploie ton crédit dans la maison, afin qu'on nous porte une autre bouteille?

« — Je vais la chercher, dit Marie.

« — Non mon ange, repartit Charles qui, bien que son cœur fut agité, ne se trouvait que plus actif, plus ardent, plus vigoureux que tantôt; ce sera moi qui commanderai une collation gagnée justement par ton frère; patience, je vais revenir. . . .

Charles courut jusque sur l'escalier et appela d'une façon singulière; aussitôt Massot s'empressa de venir prendre ses ordres.

« — Apporte un souper passable, du bon vin; viens de ta personne, achever d'enivrer le frère de mon amie, et dès lors ne le perd pas de vue, jusqu'à ce que j'envoie le sire de Lespare pour te relever et avoir soin de lui.

Massot, avec les expressions d'un respect profond, jura qu'il se conformerait en toute chose à la volonté qui lui était intimée, et lui-même se mit à dresser la collation ; pendant ce temps, le roi retournait auprès du frère et de la sœur, annonçant au premier l'apparition prochaine de vins fins et de mets friands. En effet, le barbier tarda peu, ses garçons le suivaient ; on dressa une table, on la garnit abondamment ; Robert, Massot y prirent place avec Clair Lechard ; tandis que sur le sopha voisin, le jeune couple échangeait des pâtisseries et des fruits en buvant au même verre.

« — Je ne sais ce qui se passe en moi, disait Marie, mais mon sang a plus de chaleur, mes pensées sont plus abondantes et surtout impétueuses ; on dirait que mon être est renouvelé.

« — Je t'en dis autant, répliquait Charles ; la mélancolie dont tantôt encore les serpens me dévoraient a disparu, et si n'était ce qu'à mis de noir tes paroles en mon âme, moi aussi, je me sentirais régénéré; c'est l'orvietan de Brusquet qui fait merveille, le bon ami, et je le soupçonnais.

L'orgie à côté d'eux croissait; Robert, bientôt vaincu par l'ivresse, balbutia et tomba presque mort.

XVIII.

Un Roi a défaut d'une Levrette.

De tous les théâtres connus, celui où l'on change le plus souvent de décorations c'est la Cour. — Fou qui aime vaut mieux que sage qui nuit.

Le roi, certain que Robert était physiquement hors d'état de se soustraire à la surveillance dont il devenait l'objet, sortit de chez le barbier étuviste, le cœur brisé, et néanmoins ayant retrouvé une vigueur qui sans doute lui avait été ravie par quelques actes coupable, qu'il était tout temps de punir.

« — Ainsi, se disait-il, le peuple m'abhorre, les vrais coupables, ceux qui ont armé ma main, trompé mon esprit, trahit ma confiance, ceux-là sont en dehors de sa colère, et c'est moi, moi, trahi, trompé comme lui, qui paie pour tous; cela ne sera pas, je rendrai à chacun son œuvre, je déverserai sur leur front criminel, le sceau fatal dont leur malice à stygmatisé le mien... Et toi Marie, tu me détestes, j'aurais à t'entendre dire que j'ai donné la mort à ton père; non certes, je n'ai pas commis ce forfait; non, je n'ai paru muni d'arquebuse sur aucun balcon du Louvre, c'est encore l'une de ces milles calomnies dont on m'accable, dont on me poursuit. Il fut un temps où par vanité folle, ou par inconséquence, j'acceptais ce rôle infâme! oh! maintenant, combien il me fait horreur; j'appellerai la nation au palais de son roi ; là , je ferai connaître la cause de la vérité.

Ce monologue attacha le roi, depuis sa sortie du Pont-au-Change, jusqu'à son entrée au Louvre; là, dès son arrivée, il courut à son oratoire, et se prosternant en face de Dieu, il lui demanda la force et la persévérance nécessaire à bien soutenir le nouveau rôle qu'il jouerait, et l'autre fardeau dont il chargerait tôt ses épaules. La prière ranime l'homme, celui-ci qui de plus était roi, se releva du pied de l'autel, avec des idées fortes, généreuses et brillantes ; son premier soin fut de faire appeler soudainement le sire de Lespare, celui-ci tarda peu à paraître, et dès qu'il fut devant S. M. il le salua d'abord, et puis attendit ce qu'il plairait de dire.

« — Baron Hugues, vous enverrez deux de vos gardes à la recherche du fou Brusquet, ils l'amèneront dans ma chambre; quant à vous, demain vers sept heures du matin, vous vous rendrez au Pont-au-Change, maison du perruquier Massot; là, vous commanderez à celui-ci, de vous remettre la garde du nommé Robert Touchet, soldat naguère en la compagnie du duc de Guise, et maintenant dit-on tiers-lieutenant dans le régiment des gardes de la reine-mère, en employant la force s'il le fallait, et tenant toujours le pistolet au poingt, vous le conduirez au château de Vincennes, dans le donjon; là, il sera mis au secret le plus rigoureux, sous un autre nom que le sien, vous préviendrez le concierge que sa tête me répondra de l'obscurité profonde et prolongée dans laquelle ce prisonnier sera maintenue. Cette mission remplie, et après avoir laissé six de mes gardes pour veiller à ce qu'aucune influence ne contrecarre la mienne, vous reviendrez rapidement auprès de ma personne qui a grand besoin d'un fidèle serviteur tel que vous.... Partez... Ah! j'oubliais, faites prévenir le roi de Navarre, que j'ai pareillement besoin de lui.

Le baron de Lespare, surpris au-delà de toute idée du coup de foudre inattendu qui tombait sur le frère de la belle Marie, s'imagina que celle-ci ayant été maltraitée par cette sorte de saoulart, en avait demandé vengeance, et que le roi le punissait en raison de ce méfait; cependant il obéit de tout point. Brusquet et le roi de Navarre, furent prévenus de courir à l'appartement de S. M. qui avait cure de leurs services.

Comme Lespare entrait chez Massot, il rencontra celui-ci occupé à répondre à un garde du duc de Guise, que Robert venu un instant pour voir sa sœur, était ressorti dès sept heures du soir, et qu'il n'avait aucunement indiqué en quel lieu il allait se rendre; le messager s'éloigna avec cette fausse indication.

« — Messire Baron, dit alors le barbier, je vous conseille de pas attendre à demain pour effectuer l'enlèvement de ce drôle ; avant minuit, peut-être, des espions seront placés autour de la maison, et certainement on vous suivra, et l'on connaîtra ce que plus grand que nous veut envelopper de mystère.

« — Je crains la douleur de Marie.

« — Désobéirez-vous au roi ?

« — Non.

« — Eh bien! faites selon mon avis, et S. M. vous et moi y gagnerons.

Le sire de Lespare, ordonna aux huit cavaliers qui le suivaient, d'avoir l'air de faire des rondes dans la Cité et les bords de la rivière, écartez-vous peu, il faut dans dix minutes, avoir l'air de défiler devant cette maison.

Cela dit, il entra et monta dans l'appartement de Marie, il trouva cette jeune fille assise dans sa chambre à coucher, tranquille et indifférente, et loin assurément de soupçonner le coup qui allait la frapper en tombant sur son frère; ce dernier ronflait de manière à être entendu de loin, couché qu'il était sur le lit de repos du cabinet d'étude, ayant d'ailleurs pour gardien Clair, Lechard et le Normand.

Marie, à la vue du noble sire, se leva respectueusement et se mit à lui parler de ses mouchoirs dont la veille elle avait acheté l'étoffe, s'excusant de n'avoir pu plus tôt arriver à ce travail.

« — N'y songez plus, lui-dit-il, ma pauvre fille, et à votre tour, pardonnez-moi le chagrin cruel que je viens vous causer.

« — A moi, messire, et vous êtes si bon.

« — Je ne m'appartiens pas, le roi commande et veut être obéi; vous oserais-je apprendre que sur des rapports que je crois mensongers, mais qui ont trop porté, votre frère Robert, étant accusé de crime de haute trahison par une dénonciation faite tout-à-l'heure, le roi entend que je m'empare de sa personne, et que jusqu'à nouvel ordre, il soit conduit dans un château fort, éloigné.

A cette révélation fatale, le charmant visage de Marie passa soudainement du beau coloris qui en faisait la gloire à une pâleur sinistre, ses yeux noyés dans les larmes se voilèrent, et elle serait tombée si le sire de Lespare ne l'eut soutenue et fait asseoir sur un fauteuil; alors, et levant au ciel ses mains tremblantes.

« — O Dieu! dit-elle, ô mon Dieu! est-il possible que tant de malheurs m'accablent à la fois, mon frère prisonnier... et son infortune provoquée par celui-là même, à qui j'aurais été réclamer sa liberté. Ah! Lothaire, que tu as peu d'amour, puisque tu ne t'es pas soucié de détourner de toi des soupçons que ta conduite coupable fait naître.

« — Auriez-vous, demanda le baron, quelque lumière sur la cause principale de ce fâcheux accident.

« — Oui, je connais le traître; car, quel autre nom puis-je lui donner, il n'y a pas deux heures qu'il était là, et que sous prétexte de travailler pour mieux s'assurer une possession éternelle, il a soutiré à mon frère tout ce que celui-ci savait et ce qu'il croyait ne répéter qu'à un autre lui-même; c'est une ruse déloyale qui causera de grands malheurs. Voilà que tout ensemble je perdrai les deux hommes que je chérissais avant tout.

« — Espérez, répondit le sire de Lespare, et croyez même à la justification de votre amant; il me répugne à penser qu'il soit perfide; persuadez-vous que les apparences vous trompent.

« — Non! non! reprit Marie avec un redoublement de larmes et de sanglots, une justice sévère me privera de Robert, et le mépris m'imposera la loi de fuir à jamais celui qui l'a conduit au supplice.

La malheureuse créature recommença ses doléances. Massot, touché de sa tristesse, fit monter Claudine, qui la retint en pleurant avec elle, tandis que Robert, encore endormi, fut emporté sur le cheval qui devait lui faire faire la route de Vincennes, sans que sa sœur se doutât qu'on le lui ravissait ainsi.

Dès que Charles eut vu s'éloigner le sire de Lespare, il s'approcha de son bureau, prit une plume et écrivit la lettre suivante :

« Mon cher ami, fidèle conseiller et vénérable père; je vous adresse la présente pour « vous prier de ne pas me refuser votre coopération dans mes plans nouveaux, que je « forme pour le bien de nos sujets. Vous « avez rendu respectable ma couronne, lorsque vous dictiez les lois qu'elle rendait. Une

« cabale injuste, la haine ordinaire que le
« vice porte à la vertu, ma faiblesse, mon
« inexpérience ont laissé le champ libre à vos
« ennemis qui, nécessairement sont les
« miens. Revenez leur enlever la victoire, et
« que la France, en vous revoyant au timon
« des affaires, excuse mes fautes par la cer-
« titude de la prospérité qu'elle devra désor-
« mais à votre mérite et à mon vif désir de
« suivre vos leçons. Quittez le Vignay, mon
« digne père et bon chancelier; je ne vous
« verrai jamais assez tôt auprès de votre fils
« plutôt que de votre roi.

« Je désire que Dieu vous ait en sa sainte
« garde; la présente n'étant à autre fin.

« *Signé*,

« CHARLES. »

Et sur la suscription, il y avait : *A mon père et vertueux conseiller, Michel de l'Hôpital, chancelier de France.*

La missive n'était pas terminée, que déjà Brusquet était arrivé dans la chambre du roi. Impatient et curieux de connaître pourquoi il était mandé d'une façon si solennel, il cherchait par mille lazzis a détourner l'attention et la plume de S. M. Il allait, venait, trottait, courait à petit pas, agitait sa marotte et son bonnet pointu, et quoi qu'il eut encore l'habit de deuil, il avait conservé les insignes de sa royauté de folie.

Enfin, l'épître achevée, relue, ployée, scellée et l'adresse complète mise au long, Charles jugeant à propos de se retourner, et, feignant de n'avoir ni vu, ni entendu le maître fou, il le salua d'un signe de tête amical; puis, le prenant par les deux bras et attachant fixement ses yeux sur les siens, il le mena ainsi à reculon jusqu'au près d'une énorme girondole toute lumineuse du feu de trente à quarante bougies. Là, lorsqu'ils y furent parvenu, la position fatiguante ayant encore été prolongée jusqu'au point d'ôter à l'insensé la fantaisie d'aucune raillerie.

« — Qui suis-je! maître Brusquet, dit enfin le monarque en employant une voix rauque et propre à faire trembler aussi le pauvre diable, sans nullement se soucier d'aucune raillerie, répliqua.

« — Sire, vous êtes par la grâce de Dieu, très haut, très puissant, très excellent prince Charles neuvième, de nom, roi de France; mon souverain et redouté seigneur.

« — Savez-vous ce que méritent ceux qui, par maléfices et sataneries, plantes vénéneuses, eaux empoisonnées et autres moyens coupables, tentent de donner la mort au seigneur-roi.

« — Ils méritent le supplice du feu ou celui de la roue.

« — Et que doit-on au drôle qui, pour

faire parvenir au roi un excellent avis, se fanferluche et joue à la mascarade; qui, pour contraindre ledit prince à le servir, à employer utilement une bonne âme, se sert de voies mystérieuses et plaisantes.

« — Hélas! sire, cet imbécille qui fourre son nez où il ne doit, doit recevoir les étrivières jusqu'à ce que sang suive, et puis, une récompense proportionnée à la grandeur du péril qu'il a couru, à l'excellence du remède, et à l'attachement sans borne qu'il porte à son roi.

« — En vérité, la première portion de ce conseil devrait être suivie à la lettre, vu l'excellence du bon avis; mais la justice manifeste de la seconde portion sera cause que le souverain, ce digne roi, oubliera l'une et l'autre.... Cependant, maître fou, poursuivit Charles qui ne sut plus, au milieu de ses inquiétudes, comment faire pour garder son décorum, puisque tu tenais à rendre à ton maître un excellent et loyal service, ne valait-il pas mieux le lui dire directement et vite?

« — Ah! frère, répartit Brusquet fort empressé à rentrer dans son caractère, tout cela est bel et bon à dire, mais t'imagines-tu que les yeux manquent aux argus de l'époque, et si on m'eut soupçonné, je t'aurais devancé dans l'étroite demeure.

« — Comment as-tu surpris cet odieux secret.

« — Je ne m'en rappelle pas. L'essentiel est que tu te sois sauvé; chaque jour j'en remercie le ciel, et quant à la délivrance que tu ferais de quatre prisonniers par an, en mon intention et mon nom, je te tiendrai quitte de ta reconnaissance.

« — Et non pas moi, répartit le roi avec une vivacité générale; au reste, je serais curieux d'approfondir comment tu as pu obtenir ces pillules magiques dont j'ai ressenti de si admirables effets.

« —Oh! quant à ceci, mon maître, cela vaut la peine de t'être raconté à loisir... Il y a, dans ton château du Louvre, un méchant animal, engraissé pendant le jour, afin que la nuit il enfante des crimes; ce charlatan, occupé à mentir tout le temps qu'il n'emploie pas à composer des poisons ou à les mettre en œuvre. Je savais que cet antique fripon assez bandit pour ne pas craindre Dieu, ne redoute sur la terre que le badinage et le ridicule, j'ai commencé par le poursuivre de la mitraille de mon artillerie, et si long-temps et si dur que maître ou messire Abatia Bertrand, ou mieux encore le signor Italien, ne pouvant espérer la paix, attendu que j'étais inexorable, se détermina à en faire l'acquisition; une entrevue eut lieu. On m'offrit de l'argent monnayé, je secouai la tête — de l'or, cela ne me convint pas davantage ; alors s'apercevant que les bijoux, les pierreries, diamans et futilités semblables ne touchaient pas mon cœur, l'ambition eut son cours, et l'on me montra dans le lointain une place importante — hélas ! répliquai-je, je sais que se sont des fous qui presque toujours les remplissent, néanmoins les fous par charge sont nominalement exclus de celles-là, — que te dirai-je, sacrée majesté, ma sœur.... je voyais un lâche au désespoir de me.... Ecoute, lui dis-je, j'ai reçu d'un ami une levrette, admirable bête, mais coureuse et gourmande ; j'ai peur que dans l'été on ne la fasse crever au moyen d'un poison violent ; connais-tu un réactif qui en arrêtera souverainement l'action. — Oui, certes, répartit mon homme ; voici, continua-t-il, une boîte renfermant mille pillules ; quatre, prises par jour, détruiront en une semaine toute l'âcreté ou le feu du venin le plus terrible. — L'espèce canine, demandai-je, est-elle la seule pour qui la nature ait réservé cet urcane? — J'avoue, me répondit ce vilain monstre avec une indifférence si hideuse, que je n'ai jamais trouvé assez de haine pour le détester, que je n'ai pas rencontré dans le monde sublunaire, un être assez digne de mon intérêt pour tenter envers lui cette expérience. — Mais là, ne pouvant l'étrangler sur l'heure et oubliant ma belle levrette, je n'ai plus pensé qu'à mon maître chéri.

« — Honnête et excellente créature! s'écria Charles en pressant sur son cœur le loyal Brusquet, si je ne peux faire pour toi ce que refuserait ta bizarrerie, du moins je ferai grâce à tous les condamnés dont tu demanderas la délivrance, à l'instant même où le jugement de mort aura été prononcé; ton descendant, homme ou femme, ou le plus proche parent de ton nom posera sa main sur la tête et lui dira : *Au nom de Dieu, de par un roi, de par un fol, prie pour l'un et vas invoquer l'autre....* Brusquet, poursuivit le roi, cours demain au logis de Massot Le Barbier, demande la belle Marie Touchet, et lorsque tu l'auras approchée tu lui diras à ton tour : *Marie, n'accuse pas l'innocent aimé qui n'est pas coupable, et songe que la colère conseille mal l'amour.* Là-dessus va te coucher, et sois certain que l'antidote si méprisé a ôté le trépas des veines du roi de France.

« — Frère, répondit le fou, n'aurais-tu pas envie d'aller chercher le sommeil.

« — Ami, voilà de moi à toi la différence, tu dors aux heures fixées pour le repos, et le roi veille, non pour lui, mais pour les autres.

Brusquet salua profondément sa majesté, fit deux gambades et partit; il n'était pas sur l'escalier du Louvre lorsque l'on annonça à Sa Majesté la présence du roi de Navarre, qui, dès l'abord, se prit à dire :

« — Est-ce que la paix du royaume est troublée? que veut le roi de son ami, frère et serviteur ?

« — Me retrouver en famille, puisque je n'ai d'autres parens que vous. Ah! Bourbon, le crime m'environne; je suis perdu si je ne me prémunis contre lui.

« — De nouvelles lumières ont-elles appris au roi ce que nous ignorons, nous, français fidèles, si attachés à la royauté.

« — Oui, reprit Charles IX, les grandes nouvelles ne manqueront demain, et vous allez faire un voyage qui tardera peu à occuper les cent bouches de la renommée, ne musez pas, mon cher frère, je veux que vous-même alliez quérir notre illustre et vieux Lhôpital, vous l'amènerez secrètement à Vincennes, qu'il apporte son grand costume, il aura l'occasion de le vêtir.

« Dieu vous a inspiré cette sainte pensée, s'écria Henri de Bourbon qui ne peut se retenir d'embrasser par deux fois sa majesté, oh ! puisque Lhôpital revient, nos affaires ne feront faute, et la France s'en trouvera bien. »

Le roi, cependant, avant que de faire partir ce haut messager, lui raconta la découverte miraculeuse qu'il avait faite, et lui donna des détails si étranges, que l'âme généreuse d'Henri ne pût presque pas y ajouter foi.

XIX.

Intrigue.

> A la Cour, l'état permanent est la guerre, la paix est une exception.

Charles instruit que sa mère allait venir, se jeta promptement sur le petit lit de repos où il se couchait pendant ses journées de souffrance, et même lorsque la nuit venue, il ne lui plaisait pas de se déshabiller; il tourna sa tête de manière à ne pas avoir le visage frappé des rayons de la lumière, mit un mouchoir en sa main, et s'en servit encore à empêcher des yeux exercés à faire un examen trop approfondi de l'état de sa santé.

La reine-mère entra, sa démarche était lente et compassée, elle affectait d'éviter le bruit, elle prenait une physionomie triste, mélancolique, telle enfin que devrait l'avoir une mère, dont le cœur redouterait réellement pour la santé de son fils, elle ne manqua pas les saluts d'usage, il semblait même qu'elle outrait les formes obséquieuses, comme si Charles eut exigé d'elle le maintien de cette étiquette, bonne envers des sujets peut-être, mais qui est insupportable entre les membres d'une famille bien unie.

« — Comment vous trouvez-vous, sire, dit Catherine, d'un régime nouveau auquel vous a soumis Ambroise Paré; je me flatte que vous tarderez peu à lui devoir le retour à la santé, et certes, ma tendresse rassurée ne le récompensera jamais autant qu'il le méritera.

« — Ne nous hâtons pas de chanter victoire, répondit le roi, d'une voix faible, cassée, et néanmoins rauque. Je suis loin de m'applaudir de ma situation actuelle; voici plusieurs jours qu'une lassitude insupportable pèse sur tout mon être, que je perds le désir d'exister, que tout mets délicat me dégoûte, et qu'un voile de tristesse, de lourde mélancolie enveloppe mon cœur et mes yeux.

« — Et qu'éprouvez-vous, demanda la reine-mère, avec une curiosité ardente et mal déguisée, me faudrait-il recommencer à trembler, à gémir, ne sortirai-je d'une inquiétude poignante que pour retomber dans une autre qui me déchirera cruellement.

« Oh! vous êtes si bonne mère, reprit le roi.

Et il accompagna ces paroles d'un sourire de tendrese et triste néanmoins.

« — Pourtant, fils injuste, vous en avez douté, et depuis que l'on s'est mis entre nous... Mais laissons ce fâcheux texte, ne nous occupons que de vous, et je vous en conjure, détaillez-moi autant que vous le pourrez, les symptômes de votre fatale rechute... Je veux voir si je ne pourrais vous fournir ou vous procurer des remèdes... Il n'y en a de si excellens, en Italie.

« — N'y en a-t-il pas qui en quelques heures, font disparaître une maladie.

« — Oh ! pas aussi rapidement.

« — Si ma mère, car ils entraînent aussi le malade... vos boucons sont si actifs.

« — Qu'est mon fils, qu'en tes propos soupçonneriez-vous votre mère.

« — Je signale des habitudes italienne, et ne vois pas plus loin; par exemple, au moment où je vous parle, ma poitrine est oppressée, mon cœur bat avec difficulté, des sueurs tour-à-tour glacées ou brûlantes, plus souvent de simples moiteurs m'épuisent insensiblement. Je vous ai dit que le palais de ma bouche perd sa délicatesse, mon appétit devient faible et capricieux, je m'assoupis sans le vouloir, je cherche la solitude, les affaires me deviennent insupportables, je souffre d'être contraint à me maintenir dans une représentation perpétuelle : oh ! que je paierais cher une retraite lointaine, sous un ciel pur et chaud, où libre de tout tracas, je ne me tourmenterais ni de ces rigueurs de l'étiquette, ni de ces éternels conseils où je n'assiste plus que pour les maudire ou pour y sommeiller.

« — Il est vrai, reprit la reine, en contenant sous une indifférence affectée la joie qui la saisissait, que le climat de Paris manque de ces charmes que la nature a prodigués aux sols méridionaux.

« — Un long voyage en Italie, dit encore le roi, dont la voix devenait sourde et haletante, à Rome ou tout au moins à Montpellier, dont je me rappelle avec enchantement le site et les attraits, oui, cette terre embellie par un soleil dont il est rare que des nuages ternissent la pureté, voilà le lieu où je voudrais vivre, si j'étais libre autant que le dernier de mes sujets.

« — Et vous avez raison de vous plaindre de votre esclavage, car en changeant de ville, vous retrouveriez toujours les soins fatiguans de la royauté.

« — Je les déteste, et m'étonne comment qui n'y est pas forcé désire d'être roi.

« — C'est aussi ma pensée .. Mais, mon fils, Dieu ne veut pas que nous périssions lorsque la tâche à remplir se trouve trop lourde pour nos forces humaines, alors lui-même nous conseille d'alléger ce poids fatal.

« — Si je le croyais... »

Il y eut un instant de silence; Médicis l'employa à se rendre maîtresse de sa joie, qui était prête à se manifester.

« — Oui, reprit le roi, si je le croyais....

« — Vous feriez quelque bonne police.

« — Non, des actes de sagesse.... J'abdiquerais.

« — Ah!!! »

Cette exclamation échappa tellement significative que Catherine en fut épouvantée; mais son fils s'étant promis de ne rien voir, fit semblant de ne pas y lire tout ce qu'il y voyait avec horreur, dégoût et indignation.

« — Oui, j'abdiquerais.... Mon frère a fait ses preuves. Héros sur le champ de bataille, il montre en Pologne son habileté à conduire le vaisseau de l'état. On ne me reprocherait pas mon successeur ; que dis-je, ses qualités brillantes me feraient bientôt oublier.... Oui, si vous me promettiez de me suivre dans une retraite; si je comptais sur l'appui de votre amour, je ne regretterais rien à Paris, et déposerais sans regret la couronne.

« — Vous seriez trop admirable par cette sublime abnégation, pour que je me refusasse à confondre mon sort avec le vôtre; au reste, mon enfant, que notre bonheur serait pur et que nous passerions des jours tranquilles!

« — Et les nuits, ma mère! les nuits! peut-être que dans la solitude les remords auraient perdu de leur véhémence; peut-être que si, loin de la tombe où il repose, Coligni ne me poursuivrait pas.

« — Un tel acte, si magnanime, ferait de vous un dieu aux regards de votre frère; il se regarderait perpétuellement votre obligé; et comme sa reconnaissance parlerait sans relâche à son cœur, vous demeureriez plus monarque, plus absolu que lui-même, et cela, sans avoir aucun des embarras de la royauté.

« — Oh! je n'en doute pas; au fond, mon frère m'aime, et je présume qu'il songe maintenant si je suis heureux ou malheureux.

« — Et moi, mon fils!

« — Oh! vous, tendre mère! je vois avec quelle vigilance vous travaillez à me maintenir en état d'être heureux.

« — Charles! c'est Dieu qui vous inspire cette pensée! rapportez-la toute à lui! méditez-la, qu'elle soit approfondie. Cependant, et tandis que d'une part j'appellerais ici le roi de Pologne, de l'autre je convoquerais, non les états à cause de leur turbulence accoutumée, mais un conseil général de tous les grands de votre royaume; vous leur feriez part de votre projet sublime : ils l'approuveront par dévouement pour vous, car ils ne cesseront de pleurer votre absence; et lorsqu'ainsi le plan débattu aurait été consenti, les trois ordres seraient appelés à leur tour pour y donner leur sanction, consacrer la magnanimité de votre retraite, et assister au couronnement, au sacre et à l'intronisation de votre auguste frère.

« — Il me semble, reprit Charles avec calme, bien qu'un feu le dévorât intérieurement, que pour m'accoutumer à cette vie d'indépendance, il serait convenable de sortir de Paris et d'aller habiter Vincennes. Là, sous les chênes de saint Louis, je demanderais des inspirations à cet illustre aïeul.

« — Il me semble, sire, vous voir renaître à la vie. Une carrière douce et semée de fleurs se présentera, vous la parcourerez avec la vigueur de la jeunesse, l'indifférence du contentement, la tranquillité d'un coeur que rien ne tourmente ni n'importune.... Mais, dit encore Médicis, comme si une idée incidente lui survenait, une résolution à laquelle vous devriez cinquante ans de prospérité sans nuage sera bientôt si vivement combattue par une ambition alarmée, qu'on la fera disparaître de votre cœur ; le roi de Navarre?...

« — Eh bien! ma mère, vous vous trompez ; mon autre frère Henri, à qui j'ai déjà parlé de la révolution que je vais décider, l'approuve. Il y a plus, il la croit indispensable.

« — Lui!

« — Soyez en certaine.

« — Lui, mon fils!

« — C'est un point dont tout à l'heure nous sommes restés d'accord.

« — En vérité! dit Médicis tremblante de ne pouvoir étouffer son émotion, cette journée me présente des faits bien étranges. Ce qui s'y passe confond mes idées, renverse les calculs de ma politique ; mais enfin, je dois me rendre à l'évidence, et je ferai à mon gendre un compliment sincère sur la préférence que son intérêt accorde à votre avantage. Non, je l'avoue, je n'en espérais pas autant de lui.

« — Vous voyez, ma mère, que je ne me fais pas d'illusion sur ma situation pénible ; que je ne balance pas à sacrifier à ma santé cette ambition si funeste aux hommes. Mais au moment où je vais déposer ce sceptre si lourd à ma main qu'elle en est restée sanglante, toutes les passions ne sont pas engourdies avec les facultés dominantes de mon âme et de mon corps. La curiosité, par exemple, grandit en moi de tout ce que les autres perdent ; une envie, que je ne peux calmer, me tourmente. Je voudrais connaître ce que le Ciel me réserve à la suite de mon abdication ; et vous, avec une dureté cruelle, retenez, en charte privée, un homme rare, l'un de ces esprits supérieurs qui commandent aux élémens, le célèbre signor Bertrand d'Abatia, enfin.

« — Le hasard, répondit la reine embarrassée, l'humeur vagabonde de ce personnage l'ont conduit en France. Mes parens d'Italie me l'ont recommandé ; et comme je craignais de sa part, ou de celle de nos seigneurs français, quelque indiscrétion, je l'ai logé dans le Louvre bien à l'écart. Il travaille à je ne sais quel ouvrage de physique, et à peine si depuis son arrivée j'ai eu le loisir de le voir deux fois.

« — Et moi ! ne pourrais-je le questionner au moins une ?

« — Votre fantaisie est un ordre. Je vous l'amènerai.

« — N'en faites rien, bonne mère ! à mon âge, on a des questions à adresser aux astrologues que de chastes oreilles ne doivent pas ouïr. Lui-même, devant témoin, serait embarrassé de me répondre; c'est seul à seul que je veux l'interroger.

« — A quel lieu? Quel jour? A quelle heure?

« — Mais ce soir nous irons coucher à Vincennes, il nous y suivra sans doute : je serais donc bien aise qu'il vous succédât ici le matin.

« — Le roi sera pleinement obéi, répartit la reine; et le signor astrologue tardera peu à lui présenter ses respects. En attendant, sire, je vais ordonner le départ de votre maison et de la mienne, et faire prévenir les grands et les magistrats que vous rassemblerez autour de vous.... Je regrette que votre indignation, excitée, je le gage, par l'animosité de votre cœur pur, ait banni le duc de Guise. Il vous aurait prouvé en cette circonstance son respect et son attachement; mais peut-être est-il déjà parvenu à Lyon; car son obéissance est extrême. Le roi, revenu sur son compte, le jugera mieux. »

Le sire de Lespare entra, et après avoir salué profondément son prince et Médicis :

« — Sire, dit-il, en vertu du suprême commandement de votre majesté ; j'ai fait investir la maison où le duc de Guise se tenait caché, et l'ayant arrêté, je l'amène dans le cas où il plairait au roi de l'interroger.

« — Le duc à Paris ! s'écria la reine en affectant un étonnement auquel le roi ne se laissa point prendre, et déjà prisonnier.

« — Vous voyez, madame, combien je le jugeais mal ! combien le roi de Navarre avait raison dans mon intérêt de me prévenir contre d'odieux complots, car, à moins de conspiration, que pouvait faire ici ce prince lorrain ?

« — J'aime à croire qu'il expliquera convenablement sa présence. Et si vous le faisiez appeler?...

« — Non, ma mère, je ne perdrai pas mon temps à ouïr les faussetés qu'il me débiterait; sa culpabilité m'est prouvée : surpris dans Paris, il est criminel, et son jugement ne se fera pas attendre.

« — Peut-être serait-il convenable de le faire interroger par le chancelier.

« — Sire de Lespare, dit le roi, sans paraître avoir entendu l'insinuation de l'astucieuse douairière; je vous rends responsable de la personne du duc de Guise; ne permettez que nul lui parle ou l'approche, fût-ce à ma propre mère; serait-ce mon frère, monsieur le duc d'Anjou... Ah! l'on cabale ainsi contre mon autorité! on se figure que ma faiblesse supportera tant d'impudence! non, par la mordieu! je montrerai que je suis roi.

« — Oui, sans doute, vous l'êtes, répondit mielleusement Médicis; mais si vous vous en souvenez trop, il est certain que votre santé s'en ressentira!

« — Mais, supporterai-je qu'on m'offense?

« — Le duc est fou! je gage que quelque belle fille, au moment de son départ, aura exigé que pour preuve d'un amour éphémère il reviendrait, au hasard d'encourir encore plus votre indignation!

« — Je croyais Guise plus occupé de son ambition que de sa tendresse; et je penche plutôt à croire qu'il s'est imaginé, par sa présence, ajouter au dévouement de ses amis... Mais que cet incident ne nous arrête point; je vous ai demandé ma part de messire d'Abatia; ne tardez point, je vous prie, à satisfaire en entier mon désir. »

Le garde-des-sceaux, qui venait d'apprendre l'arrestation du duc de Guise, était déjà accouru chez Médicis, soit afin de lui transmettre cette fâcheuse nouvelle, soit pour s'entendre avec elle sur ce qu'il y avait à faire dans une circonstance si périlleuse. Lui, préoccupé de l'incident, s'attendait à voir un abattement extrême obscurcir le front et les regards de la reine, aussi éprouva-t-il un saisissement inexprimable lorsqu'elle parut devant lui, l'œil en feu, les joues colorées, la tête haute et la voix éclatante; mais les premières paroles qu'il entendit suffirent pour lui expliquer le motif de ce contentement.

« — Victoire! messire, dit-elle, victoire! le roi abdique; il n'y a pas de temps à perdre; que Robert Touchet reprenne une autre fois la route de Varsovie, et que le roi de Pologne presse son retour; mon amitié lui aura fait don de deux couronnes. »

Ceci était trop important et changeait trop l'existence future du garde-des-sceaux pour que, partageant la joie de Catherine, il se rappelât en premier l'infortune du chef de la conjuration; il fallut même que la reine lui répétât presque mot à mot ce qu'elle avait entendu de la bouche du roi.

« — Ainsi! s'écria-t-il, ne se possédant pas, madame redeviendra souveraine autant qu'elle le fut autrefois; que ses ennemis tremblent, que ses créatures se réjouissent; sa générosité sans pareille leur répond qu'elle ne les abandonnera pas.

« — A propos, dit Médicis, dont la phisionomie se rembrunit, savez-vous le malheur qui nous frappe? le duc de Guise est arrêté!

« — J'étais venu, répondit Birague, prendre à ce sujet les ordres de votre majesté: en vertu de mon droit, et me targuant d'un excès de zèle, je vais à la Bastille, où il est sans doute renfermé, et au lieu de l'interroger, je me concerterai avec lui.

« — Cette voie de communication nous manque: le duc n'est pas sous la surveillance du gouverneur de la Bastille, mais sous celle du sire de Lespare, froid serviteur et dévoué;

et devant moi, le roi vient de lui enjoindre de ne souffrir que nul, moi-même comprise, puisse l'approcher, et moins encore, s'entretenir avec lui... C'est un moment de colère, il durera peu. Maintenant faites chercher Robert, il n'est pas arrêté, car Lespare n'en a point parlé; je vais écrire à mon fils; lui emportera ma lettre, que la vôtre détaille à sa majesté polonaise ce qui se passe ici, ce qu'il doit espérer, et surtout qu'il se hâte de venir s'emparer d'un sceptre qu'on lui abandonne.

« — Puisse, dit Birague, puisse cet excellent prince régner long-temps avec gloire et bonheur !

« — Quant à moi, répliqua la reine; j'ai un acte étrange à conclure. Charles, toujours bizarre dans ses manies, et à qui on a fait connaître la présence d'Abatia, caché néanmoins dans la grosse tour du Louvre, veut que je lui envoie ce savant vieillard, c'est une fantaisie de malade.

« — Qui sait? répliqua le Milanais, avec le rire d'un réprouvé, peut-être lui demandera-t-il un orviétan salutaire. »

Un regard de colère et de reproche étouffa dans le garde-des-sceaux l'accès de gaîté féroce qui s'était emparé de lui; il s'excusa, non par des paroles dont il comprenait le péril, mais par des gestes qui signalèrent son abominable bassesse. Peu après qu'il fut parti, Bertrand d'Abatia vint prendre sa place chez la reine.

« — Maître, dit celle-ci, le roi vous mande; votre mérite n'a pu rester caché, il veut vous voir, parler avec vous et en obtenir ces prodigieuses révélations qui vous rendent si célèbre. »

La modestie du philosophe céda au contentement de l'amour-propre; les yeux de d'Abatia étincelèrent, et un léger mouvement convulsif ébranla ses joues et ses lèvres; cependant, lui, hypocrite par habitude, croisa les mains sur sa poitrine, et d'une voix où tremblait la satisfaction orgueilleuse. :

« — Reine, dit-il, conduit par les astres, et à l'abri de votre puissante protection, je ne craindrai pas de me présenter devant *le roi de gloire*.

« — Je le crois sans peine, répliqua Médicis, mais je peux n'être pas autant satisfaite de ce rapprochement que vous paraissez l'être.

« — Je le suis dans le but de montrer au roi que je suis votre ouvrage : ah ! madame, je serai descendu dans ma dernière demeure, avant que je perde le souvenir de vos bienfaits.

« — Dieu le veuille... Cependant j'aurais mieux aimé avoir seule profité de vos travaux sublimes... Mon père, vous avez toute ma confiance, je suis assurée de votre discrétion. Ah !

certes, ce ne sera pas vous qui renouvellerez l'horrible ingratitude de Fardinnansi de Palerme.

« — Voilà dix ans bientôt, dit l'astrologue, qu'il a disparu du monde des philosophes.

« — Et pareillement de celui des coquins, mon père ! ce misérable que je comblais de présens et de caresses, vendit mes secrets au père du roi de Navarre. Instruite par celui-ci de la trahison, je fis descendre du même appartement que vous connaissez, l'ingrat, le fourbe Fardinnansi, dans un caveau souterrain qui est au-dessous. On y enferma avec lui une livre d'huile, un pain, une cruche d'eau, un renard en vie et une vipère. Lorsque dans les temps à venir on démolira la tour du Louvre, on s'assurera si, comme le Palermitain s'en ventait, le diable lui servait de monture; ce qu'il y a de certain, c'est que pendant neuf jours que je vins à la même heure, me placer sur la triple pierre que scellait son cachot, j'entendis des accens confus d'un homme enragé, et luttant contre la justice de la reine. Le dixième, je ne pus m'assurer si mon ennemi existait encore; parfois il me semblait entendre sa voix; mais au douzième jour, la prolongation du silence raffraîchit mon cœur; l'infâme était puni, et la reine de France vengée. »

L'horreur et la consternation couvrirent le front et remplirent les yeux de l'astrologue. Il se mit aux genoux de la reine, et jura solennellement par Jupiter, et son père Saturne, que jamais il ne se mettrait dans le cas de subir l'épouvantable supplice dont le récit seul l'avait glacé de terreur.

« — Je vous crois, répliqua la reine; et je ne vous ai raconté cette anecdote, qu'afin de vous distraire un moment. Un page est à vos ordres, il va vous conduire chez le roi.

Troublé, anéanti de ce qu'il venait d'entendre, Bertrand d'Abatia cheminait lentement; il connaissait trop bien Catherine pour qu'il pût se flatter d'échapper à ses soupçons, si jamais ils naissaient dans son cœur. Tout à coup un bruit aigu et tintinabulant l'arracha à sa rêverie; en même temps il vit une marotte lui barrer le passage : c'était le fou du roi qui venait à lui.

« — Ah! frère menteur, s'écria ce maître insensé, que je suis heureux de pouvoir te faire les honneurs de la maison de mon ami Charlot, c'est le meilleur lieu de France pour débiter des fariboles; tu en sais bien quelque chose, toi qui vends les tiennes hors de prix; aussi elles ennuient, les miennes sont plus gaies, et pourtant on les paie moins cher. C'est la justice distributive des hommes. N'importe, je n'en suis pas jaloux... A propos; ma levrette te remercie, la pauvre bête!...

Oh ! tes pillules lui ont fait un bien infini !

« — Elle est guérie.

« — Elle est morte en deux jours de temps, et un médecin de mes amis la soignait sans résultat depuis six semaines ; aussi ne cesse-t-il de dire que tu en sais plus que lui.

« — Mon ami, répondit l'astrologue, piqué de cette mauvaise plaisanterie, je n'ai pas le loisir de t'entendre ; je me rends chez le roi qui m'a mandé.

« — J'ai eu le même honneur ce matin ; il paraît que S. M. donne aujourd'hui audience à tous les cerveaux malades du Louvre... Mais pourtant... »

Brusquet s'arrêta, eut l'air de réfléchir, puis se penchant à l'oreille du signor Abatia :

« — Frère, dit-il, tu as tué ma chienne, mais je ne juge que l'intention, tu voulais la guérir; je veux, moi, parce que nous sommes confrères, d'un philosophe à un fol il n'y a que la main, te donner un bon avis. J'ai vu tantôt entrer par les derrières de l'appartement du roi, l'exécuteur des hautes œuvres, suivi d'un valet, porteur de son couteau et d'un sac; certes, la conscience nette, fais tes réflexions, et vois si cet appareil te regarde.« A l'effroyable pâleur qui couvrit soudainement le visage de l'astrologue, Brusquet apprécia combien avait eu de portée sa malice infernale; il s'éloigna, grave en apparence, et riant dans sa barbe. Quoique celui-là eût cru s'être simplement diverti, il ne put au moment même apprécier la nouvelle impulsion qu'il avait donnée aux idées de l'Italien, en dépit de l'autre menace déguisée qui lui venait de son auguste écolière.

Le roi Charles reçut avec une bienveillance grave le méchant vieillard; il le questionna sur ses voyages, sur les thèmes de nativité qu'il dressait; sur les singularités et curiosités de la nature, sur les propriétés des métaux, des minéraux, des végétaux. Ce Bertrand d'Abatia, qui supportait inquiétement la crainte de déplaire à S. M. T. C. saisissant une circonstance naturelle, partit de là pour exprimer combien il serait heureux de rencontrer une occasion de prouver au roi son respect, son amour et sa fidélité.

« — Bon, dit le monarque, voilà comment font tous les charlatans qui pullulent en France; ils promettent des merveilles, et avant le moment d'agir, ils trouvent le moyen de prendre la fuite.

« — Je ne m'attendais pas, répliqua l'Italien avec un enivrement de vanité capable, comme la grenouille de la fable, de le faire crever sur le champ, que sa majesté très chrétienne me confondrait avec ces polissons; mes arcanes sont répandus dans le monde;

ils parlent pour moi : mais, me dira-t-on, comment aller les consulter?.. Eh bien ! que le roi me commande un prodige ! si je ne l'exécute pas, je serai un misérable ; si je force le roi à convenir de ma science, j'espère qu'il y aura foi.

« — Oh ! signor, répondit Charles, je me contenterais à moins, et si vous me remettiez un boucon formulé selon toutes les règles de l'art, puis un orviétan capable d'en arrêter l'effet terrible, puisqu'il arracherait l'empoisonné à la mort.

« — Ce sont ceux d'enfance de ma sœur, a dit tranquillement le philosophe, et je peux, sans retarder d'une minute, complaire à S. M., dans le double commandement. Voilà, dit-il, en sortant de son sein, ce flacon de cristal de roche ; sept bouchons renfermés les uns dans les autres garantissent l'évaporation de cette blanche liqueur ; une goutte délayée dans une bouteille d'une pinte suffit pour communiquer la qualité délétère et pour faire périr dans une longue agonie. Ensuite, poursuivit-il, en retirant de sa ceinture une boîte de Labrador, voici des pillules qui, prises à double dose, triompheront du suc vénéneux le plus terrible et le moins elément. »

Il posa ces deux objets sur la table qui était devant lui, et le roi, en y jetant un coup-d'œil, reconnut que ces dernières étaient pareilles à celle que déjà il tenait de la munificence royale de messire Brusquet.

Charles remercia l'astrologue de son double présent, et afin de ne pas demeurer en reste avec le charlatan, il lui passa au cou une grosse chaîne d'or, au bout de laquelle pendait une étoile de diamant, tandis que le fermoire étincelait du feu des rubis, brillait des perles orientales et des émeraudes du Gange, qui le décoraient si somptueusement.

« — Sire, dit Abatia, à la vue d'un présent aussi magnifique, il y a des particuliers qui sont généreux comme des rois et des rois qui sont avares comme des misérables; vous, sire, au contraire, avez la somptuosité d'un grand prince, avec l'âme d'un héros.

« — Oh bien! dit Charles, puisque vous me paraissez satisfait, ne consultez pas à demi les astres en ma faveur; apprenez-moi, je vous prie, qui m'aime, qui me poursuit, de qui je dois me défier?

« — Sire, répondit le charlatan, que votre majesté se ressouvienne de la fameuse Sémiramis.

« — Que voulait-elle, celle-là?

« — Se perpétuer sur le trône et empêcher son fils d'y monter.

« — Je me rappelle aussi, répondit Charles, qu'Oreste tua sa mère, pour venger le grand crime du meurtre de son père, et cependant cet acte de justice rigoureuse fut puni cruellement par la guerre que les Furies déclarèrent contre lui.

« — La reine Cléopâtre, de Syrie, voulait aussi régner, et pour y parvenir, elle fit poignarder un de ses fils, et voulut elle-même assassiner l'autre.

« — O vieillard ! s'écria le roi avec indignation, es-tu en mission du diable pour me pousser au crime.

« — Non, je veux uniquement te prévenir contre les pièges que l'on peut te tendre. L'orgueil joué est un mauvais conseiller; roi, rends justice à mon équité et à mon amour de ta personne; sache bien qui t'approche, allume toi-même ton feu, ne lis jamais le premier toute lettre qu'on t'adressera, ne bois jamais d'eau qui a demeuré exposée au mauvais esprit des passans; adieu ! »

L'astrologue aussitôt se retira charmé d'avoir dénoué avec tant d'avantage cette audience où un serpent était caché dans les fleurs.

Charles, demeuré seul en présence du flacon et de la boîte, les contempla long-temps; enfin, sortant de sa rêverie, il ouvrit une fenêtre, posa le vase de cristal sur une fronde, le fit tourner trois ou quatre fois sur sa tête, puis le lança avec une vigueur peu commune au-dessus de la vaste nape d'eau de la Seine, où le présent odieux tomba et fut précipité.

XX.

Vincennes.

> Celui qui possède tous les vices ne croit à aucune vertu.

Ce ne fut pas pour la Cour une médiocre surprise, que d'apprendre qu'il fallait abandonner Paris, pour revenir au château de Vincennes. Ce lieu, qui fit autrefois les délices de nos grands rois, est aujourd'hui devenu la nouvelle Bastille, qui, dans l'avenir doit servir de menotte à mettre aux fers les imbécilles Parisiens ; cependant, comme tous ceux-là courent sans relâche après l'aveugle déesse, il n'en est aucun qui ne recule des astres brillans, souverains, auxquels ils rapportent leurs pensées, tandis qu'ils les exécutent avec respect.

Ce fut donc pendant deux jours un tumulte non interrompu sur le chemin du faubourg Saint-Antoine et de la barrière du Trône ; on vit d'abord passer les fidèles Suisses, la garde écossaise, avec des archers du corps, puis plusieurs régimens qui camperaient aux environs de Vincennes, puis suivirent les bas officiers, la valetaille de la reine-mère, du roi et de Monsieur, le duc d'Anjou, alors absent, puis des services d'honneur, enfin la voiture où le roi se trouvait avec sa mère et le roi de Navarre, tous les trois devisant et comme s'ils eussent foi réciproque en leurs almanachs.

Dans une charrette soigneusement fermée avec des planches, recouvertes celles-ci par une tapisserie en verdure de Flandre, on avait édifié une manière de prison, éclairée seulement par le haut; là était détenu monsieur le duc de Guise, toujours sous la surveillance active du baron sire de Lespare.

A quelque distance et environnés de serviteurs vêtus de deux livrées diverses, venaient sur des mules richement caparaçonnées, messire Bertrand d'Abatia et l'empereur des sots, le grand duc des imbécilles, le roi des niais, suivant qu'il se qualifiait lui-même, don Nicodème-Chrysostôme *Gruge-Tout*, Brusquet; le premier, en la compagnie du second, se donnait vingt fois par minute à Satan, à tel point le fou du roi persistait à le faire endéver.

Des fils de bonne mère, des gamins de Paris, des faubouriens attirés par le bruit des trompettes royales, allaient en hâte les voir passer, et en même temps se réjouissaient des lazzis de Brusquet si bien connu et même si tendrement aimé de cette canaille à demi barbare.

Le mauvaisétat des routes, l'encombrement en permanence des diverses rues de Paris que le cortège eut à traverser retardèrent à tel point l'installation de la Cour, que celle-ci, sortie du Louvre à une heure après midi, n'arriva à sa destination qu'a sept heures du soir. Il est vrai que les harangues des échevins et des autres magistrats échelonnés sur la route emportèrent une bonne partie de ce temps.

Vincennes était encore le lieu de plaisance favori de nos rois; sa belle forêt, plus étendue qu'elle ne l'est de nos jours, sa proximité de

Paris, donnaient un prix nouveau à sa possession ; le roi Charles IX aimait plus ce site que l'antique Compiègne, que Fontainebleau et les autres résidences royales ; il y respirait un air pur, la chasse y était abondante. Cette fois, Vincennes lui parut un refuge où il retrouverait à la fois sa santé et sa puissance.

Au milieu des hauts intérêts qui l'occupaient, l'image de Marie se présentait à lui ; tantôt il l'écartait avec colère, n'oubliant pas de quelles malédictions elle l'avait chargé ; alors presque guéri de son amour, il ne voulait encore penser à elle que pour lui assurer une existence indépendante ; ne partageait-elle pas la haine de son frère, ne conspirait-elle pas aussi? c'était beaucoup que de ne pas l'arrêter, que de ne pas lui faire jouer un rôle au procès de Robert.

Mais à ces inspirations dictées par la tendresse imitée, succédaient soudainement des retours d'une passion trop véhémente pour disparaître aussi vîte. Charles aimait Marie ; elle régnait en lui de toute la force d'une première, d'une unique affection; elle lui apparaissait belle, et la tendresse, et les reproches qu'on pouvait lui adresser disparaissaient sous tant de marques d'amour qu'elle avait données; d'ailleurs, elle allait devenir mère, Charles revivrait dans son fils, et dès lors, quand déjà il chérissait cet enfant inconnue, était-il possible qu'il renonçât à la mère, et qu'elle fût complètement oubliée ?

Son premier soin en arrivant à Vincennes fut de faire dresser l'acte de donation du comte d'Angoulême, minuté en faveur du fils que Marie mettrait au monde, n'importe le sexe puis il ajouta de gros revenus pour la mère. Ces actes furent écrits, signés et scellés avant la nuit : cependant, et au milieu de ces soins, il négligea de donner de ses nouvelles à son amie. La laisser pendant trois jours dans une inquiétude pénible, deviendrait la punition qu'il lui reserverait.

Cette même journée ne fut pas perdue pour l'intrigue et l'ambition; la certitude de la victoire rassemblait autour de la reine douairière une foule flatteuse; on la vantait de ses vices; on exaltait ses crimes; on la proclamait le premier génie de l'époque. Ce serait elle qui rendrait à la France son vieil éclat, sa première splendeur. En même temps les mêmes voix se réunissaient pour chanter les louanges du roi de Pologne; on rappelait ses qualités brillantes, ses actions héroïques, des places emportées, des batailles gagnées en rase campagne, sa gaîté, son esprit, ses largesses, sa libéralité sans pareille; son règne ramènerait les beaux jours de Louis XII et de François Ier.

Si par cas on venait à prononcer le nom de

Charles IX, c'était avec dédain ou indifférence; on l'accusait tout bas des fautes de son règne, ses défauts perdaient le royaume; avare et dissipateur, il ne savait ni donner à propos, ni thésauriser en sage; froid, mélancolique, emporté, sanguinaire, insupportable aux autres, il ne pouvait lui-même vivre en roi; son abdication était un acte de lâche faiblesse, une reconnaissance honteuse et éclatante de son incapacité.

Tavannes, le prince de Montpensier, le duc de Nevers, le bâtard d'Angoulême, Joyeuse, Saint-Mégrin, d'Epernon, le sire de Rohan, le comte de la Trémouille, le duc de Montmorency propageaient ces bruits coupables. Le reste des courtisans se réunissaient à eux, et la solitude du roi était complète; à peine si quelques seigneurs, si une poignée de simples gentilshommes se promenaient dans les pièces de son appartement; ils y étaient inquiets, embarrassés; et la fidélité leur imposait un rude sacrifice, celui d'adorer le soleil à son déclin, lorsqu'il allait en paraître un plus jeune, dans la puissance de sa jeunesse et de son éclat.

Vers le soir, M. de Birague, se présenta chez le roi pour prendre ses ordres. Le roi, toujours accablé de plus en plus, rôle qu'il prenait plaisir à jouer, l'écouta sans paraître l'entendre, et lorsqu'il dut répondre:

« — Allez, dit-il, vers ma mère, qu'elle commande, qu'elle décide, tout se fera pour le mieux avec sa volonté; je suis tellement abattu sous le poids de ma souffrance, qu'il ne m'est pas possible de donner mon attention aux affaires du gouvernement.

« — Sa majesté ira-t-elle demain à la chasse, demanda le garde-des-sceaux, qui cachait sous cette question oiseuse le désir de connaître si le jeune monarque restait dans la volonté de tenir à sa mère la parole qu'il lui avait naguère donnée à Paris.

« — Moi, chasser! s'écria Charles, d'une voix saccadée, y songez-vous? aurais-je la force de me tenir à cheval? pourrais-je à propos lâcher ou retenir les rênes? Je dois cesser de tout gouverner, l'empire comme les fringans coursiers de mon écurie!... Non, non, pas de chasse demain aux cerfs; demain, je me contenterai de chasser aux hommes... A midi, je tiendrai le conseil dont les résultats étonneront la France. »

Birague, sans rien laisser paraître de l'allégresse qui remplissait son âme, quitta le roi et fut donner les ordres, pour que l'on convoquât les personnages importans qui, le lendemain, prendraient place au conseil privé. Le roi le vit partir avec indifférence, et dès qu'il se fut retourné, le poursuivit d'un rire moqueur. Il se maintint dans son isolement pendant le reste de la journée, et vers le soir, intima au sire de Lespare, qui ne le quittait plus, d'entrer chez lui, et de le réveiller à telle heure de la nuit où le roi de Navarre arriverait.

Ce fut à quatre heures du matin, et lorsque tous les yeux étaient assoupis dans le château, qu'Henri de Bourbon, conduisant un vieillard de haute stature, se présenta à la porte particulière où il était attendu. Elle lui fut ouverte au signal qu'il fit, et sur-le-champ il marcha droit avec son compagnon vers la chambre royale, où le baron Hugues l'introduisit après avoir été prévenir le roi.

Tandis que ces choses se passaient, et que la Cour de France était en attente d'un grand évènement, Marie Touchet, abîmée sous l'effort de sa douleur, se livrait à un désespoir sans bornes; il n'y avait plus pour elle de bonheur ici-bas; son amant s'était montré le plus vil des hommes; quel autre aurait dénoncé Robert? A peine Lothaire avait-il quitté le frère et la sœur, que la foudre était tombée sur cette triste famille; et sans doute le châtiment tarderait peu à suivre la détention.

Bien que Robert ne se fût jamais montré en frère tendre, néanmoins il avait en toute circontance, lorsque l'ivresse ne l'abrutissait pas, manifesté une franche affection pour Marie. Naguère, il était vrai qu'il avait voulu lui enlever des pièces d'argenterie; mais aussi, plus près encore, lui avait-il apporté en pur don cinq cents écus d'or.

Ce n'était pas l'unique fois où, soutenu par la fortune, il faisait part à sa sœur de son aisance momentanée; c'était, à tout prendre, ce que l'on appelle un bon enfant, c'est-à-dire un mauvais sujet déterminé, se parant, néanmoins, de quelques bonnes qualités.

Marie ne pouvait donc abandonner son unique soutien, le seul parent qu'elle se connût au monde; elle voulait solliciter pour lui la reine-mère ou le duc de Guise, dont elle ignorait la captivité. Mais, comment aborder ces hauts personnages? que leur dire? comment surtout apaiser la colère du roi? il y avait des momens où elle pensait à se servir du crédit que possédait certainement Lothaire; mais le mépris tout à coup surgissait de son cœur envers un amant si coupable.

Deux jours s'écoulèrent, la laissant en proie à une inquiétude mortelle; on l'entendait aller et venir dans son appartement, sanglotant, gémissant, se livrant à une amère inquiétude; tantôt s'arrêtant, elle restait immobile, les yeux attachés vers la terre; perdue alors dans ses réflexions, elle voyait un triste avenir se dérouler dans le lointain.

Elle était dans un de ces momens de mélancolie inerte, lorsque un soupir poussé auprès d'elle attira soudainement son attention.

Émue et presque effrayée, elle se retourna et vit debout à ses côtés le jeune apprenti, Clair Lechard; celui-ci, toujours vêtu avec goût, se distinguait par une tournure agréable, une physionomie ouverte, gracieuse; et dans l'ensemble de sa personne, on apercevait quelque chose d'énergique et de fin qui prévenait en sa faveur; ses yeux beaux, brillans et doux, étaient remplis d'amour et de réserve comme ils ne parlaient pas.

« — Que me voulez-vous? demanda Marie, qui déjà et comme malgré elle, avait distingué ce jeune homme parmi les garçons au service de Massot.

« — Je souffre, répondit-il, de votre chagrin, je vous vois avec douleur, vous tourmenter d'un malheur irréparable, et néanmoins, je m'offre à vous pour courir où vous jugerez convenable dans l'intérêt de votre frère.

« — Hélas! dit la jeune fille, je vous remercie, Clair Lechard, vous êtes un bon garçon, mais, que pourriez-vous faire, vous, si petit compagnon en présence de si hauts seigneurs.

« — Je sais mon insuffisance, repartit-il, mais la volonté a beaucoup de force quand elle ne se lasse pas; sans doute, la situation de Robert Touchet est pénible, cependant il a des protecteurs qui peuvent le sortir de ce mauvais pas.

« — Oui, répliqua Marie, je sais que si je pouvais parvenir au duc de Guise, il ne se refuserait pas à secourir mon frère. »

Lechard secouant la tête, et encore plus affligé :

« — Hélas! dit-il, belle Marie! il m'en coûte de vous enlever votre seule espérance; mais ce prince lui-même est prisonnier depuis avant-hier; cependant, il n'est pas le seul qui puisse aider votre frère, et je m'étonne que vous ne songiez pas à votre meilleur appui.

« — Périsse tout secours que je devrais à un être perfide, à un déshonoré par sa dénonciation, répondit vivement Marie, qui pensait à son amant.

« — Ah! reprit le jeune homme, pouvez-vous accoler à un si noble nom ces infâmes épithètes! le sire de Lespare est le plus noble, le plus digne chevalier.

« — Je ne parlais pas de lui, répondit Marie en rougissant, à Dieu ne plaise que j'insulte un si brave gentilhomme; j'avoue de plus que, tellement accablée par mon désespoir, je ne me souvenais pas que celui-là m'avait promis sa protection perpétuelle. Non, je ne veux pas m'adresser à d'autre; mais comment parvenir à lui?

« — Je vous accompagnerai, si vous voulez

aller à Vincennes, car la Cour a quitté hier Paris.

« — Vous, Clair, auriez cette bonté; je vous en serais bien reconnaissante; mais, hélas! vous et moi, comment serions-nous reçus à Vincennes? nous permettra-t-on l'entrée du château? les gens de notre sorte sont le jouet des gens d'armes et de la valetaille.

« — Oh! tant que j'aurai une épée à mon côté, et que cette main pourra jouer avec la dague, je suis assuré que nul ne se gaussera de moi. Mais il y a des consignes qu'on ne peut franchir. Un bruit se répand qu'une révolution se prépare, le roi va abdiquer, dit-on; et on affirme que, dès qu'il aura cédé la couronne, des gardes lui seront données par mesure de prudence, et pour qu'il ne puisse revenir sur un acte qu'il regrettera peut-être d'avoir accordé; et dans ce moment, il est possible que ni vous, ni moi ne puissions entrer où de si grands intérêts se débattront. Cependant, voulez-vous écrire au sire de Lespare? je lui porterai la lettre, et je ne reviendrai pas que sa réponse ne me soit remise. »

Dans le temps que le jeune ouvrier achevait de parler, on entendit le bruit d'un pas lent et mesuré; c'était messire Ronsard qui accourait plus tôt que de coutume vers son écolière. Il y avait plusieurs jours qu'il n'était pas venu dans la maison de Massot, et, instruit des grands évènemens de la semaine, il ignorait ceux qui pouvaient intéresser son écolière; la voyant tout en larmes, il la questionna avec un tendre intérêt sur ce qui la troublait ainsi.

« — Ah! répondit-elle en versant deux torrens de larmes, mon frère est arrêté!

« — Quoi! serait-il compromis dans la conspiration qui est maintenant déjouée? Le duc de Guise est, lui aussi, détenu. On annonce la disgrâce du noble Montmorency, le renvoi du chancelier Birague et le départ de la reine-mère pour Florence; ces actes majeurs se décident en ce moment.

« — Mon frère est perdu! répliqua Marie en redoublant ses pleurs.

« — Perdu! ne le croyez pas; il lui reste un ami dans le vôtre, qui, grâce à Dieu, ne manquera pas de le faire remettre en liberté.

« — Je vois que vous ignorez l'étendue de mon infortune, dit Marie en croisant ses mains sur sa poitrine; c'est par celui que j'aime, c'est par sa trahison que mon frère est perdu. »

Les regards du poète demandèrent l'explication de ce propos. Elle fut donnée avec tous ces détails verbeux dans lesquels se plaît la douleur. Ronsard apprit qu'à peine l'imprudent Robert avait eu confié son secret à l'officier de la chambre du roi, on était venu l'arrêter.

Le sire de Lespare, arrivant de la part du roi, avait saisi Robert avant même que ce dernier fût sorti du sommeil que le méchant Lothaire avait provoqué dans le but perfide d'empêcher la victime de lui échapper. « Cependant, ajouta Marie en terminant, bien que M. de Lespare ait accepté cette fonction pénible, je me flatte que la volonté royale accomplie, il ne me refusera pas de sauver mon frère, qui, sans une prompte assistance, serait bientôt conduit au dernier supplice. »

Ronsart écoutait avec une attention extrême; deux fois sa bouche s'ouvrit comme pour laisser passer des paroles consolantes; deux fois il la referma sans avoir rien dit, puis il reprit pendant un peu de temps sa position méditante.

« — Que me conseillez-vous? lui demanda la jeune fille. Pensez-vous que Lothaire, lui-même, abandonnera celui qui devrait être son frère ? Cette idée horrible ne peut se placer dans ma tête, et cependant il m'a trahie avec tant d'inhumanité !

« — Allons ! allons ! ne vous abandonnez pas, ma chère enfant, à cette défiance malencontreuse qui, seule, suffirait à vous perdre. Je ne peux rien dire touchant l'acte que vous reprochez à messire de Laon, car je ne l'ai pas entendu ; peut-être sa justification vous satisferait vous-même. Tout ce que je vois à ceci et tout ce qui me paraît inévitable, c'est le voyage de Vincennes, auquel les circonstances donneront un nouvel intérêt ; oui, vous devez vous y rendre donc demain au plus tard. Alors, l'intrigue importante qui occupe les esprits sera débrouillée, et vous parviendrez au sire de Laon.

« — Il me suffirait d'arriver au baron de Lespare ; celui-là me débarrassera de la honte et du chagrin de toute vile démarche. »

Ronsart sourit.

« — Belle Marie, tout s'accommodera.

« — Oui, je le répète, si je peux arriver jusques à ce noble seigneur.... Le pourrais-je? Ne me repoussera-t-on? Cet honnête jeune homme, poursuivit Marie en étendant son bras vers Clair Lechard, me propose de m'accompagner. J'ai la certitude que sa présence écartera les périls de la route, mais elle-même prendra fin aux portes du palais.

« —Et vous avez raison, repartit le poète, un apprenti perruquier a peu d'influence dans les logis royaux, mais ce qu'il ne peut faire me deviendra facile. Les portes les mieux fermées s'ouvrent devant moi. Il n'est aucune consigne, quelle que soit sa rigueur, dont je n'abrège la durée. Demain donc, vous et cet honnête garçon, qui a l'avantage d'une si heureuse physionomie, partirez vers neuf heures du matin; je me charge de fournir les montures. Vous entrerez au château ; vous verrez le sire de Lespare, peut-être le roi, mais tout au moins Lothaire de Laon. Vous vous expliquerez.... Eh bien ! non, il ne sera pas admis à se justifier seul. La colère des amans est éternelle ; on le sait. »

Ronsart, tandis qu'il parlait ainsi, examinait curieusement la figure mobile et les yeux expressifs de Lechard. Il ne lui fallut pas trop de temps pour découvrir en lui les sentimens tendres que Marie Touchet y avait fait naître ; et peut-être au fond s'en applaudit-il pour l'avantage du roi. La jeune fille, plus calme et appréciant enfin la valeur d'une instruction requise par les leçons d'un tel personnage, le pria de ne pas remettre à un autre jour celle qu'elle était prête à recevoir. Le poète commença par lui faire l'histoire rapide de la littérature depuis la renaissance des lettres ; lui parla du grand Dante, l'Homère chrétien;

de l'Arioste enchanteur, qui plaît sous les mille formes qu'il emploie ; de Pétrarque, dont les esprits bornés ne connaissent que les sonnets amoureux ; puis il lui venta Clément Marot, alors inimitable ; Rabelais, que j'ai le regret de ne pas comprendre. Puis il lui donna une leçon de chant, et lui fit déchiffrer l'air d'une romance que le roi Charles avait naguère composée en italien, et dont voici la traduction :

LE LAURIER.

Romance.

Près d'un laurier dont le noble feuillage,
S'était flétri sous l'effort des Autans,
Le front voilé des crêpes du veuvage
La France en pleurs soupirait dès long-temps ;
Cédant aux traits d'une douleur cruelle
En son chagrin elle disait ces mots :
Arbre sacré d'une feuille nouvelle,
Quand viendras-tu parer tes verts rameaux !

Il me souvient des brillantes journées,
Où tu croissais avec tant de splendeur,
Où mes époux vainqueurs des destinées,
Par leur génie accroissaient ma grandeur ;

J'étais alors heureuse autant que belle ;
Point n'abaissait l'orgueil de mes émaux ;
Arbre sacré d'une feuille nouvelle,
Quand voudras-tu parer tes verts rameaux ?

Le gai printemps réveille la nature,
De son éclat il colore les cieux ;
Les bois en fleurs ont repris leur parure,
La rose exhale ses parfums précieux ;
L'oiseau s'anime, et la vigne fidèle,
Monte en guirlande aux branches des ormeaux ;
Arbre sacré d'une feuille nouvelle,
Quand voudras-tu parer tes verts rameaux ?

Devrais-tu seul, quand tout se renouvelle ?
Nous présenter l'image du trépas ;
Laurier divin sur ta tige immortelle,
Quand l'hiver fuit ne fleuriras-tu pas ;
Vois la discorde et l'Auster avec elle,
Fuir de nos murs sauvés de tant de maux ;
Arbre sacré d'une feuille nouvelle,
Quand-voudras tu parer tes verts rameaux?

De mes malheurs si la source est tarie,
A mon réveil les peuples trembleront;
Accours, ô gloire, ô compagne chérie ;
Quand mes héros avec moi marcheront ;
L'honneur, la loi, la victoire fidèle,
Seront pour nous d'autres astres gémeaux ;
Arbre sacré d'une feuille nouvelle,
Quand viendras-tu parer tes verts rameaux.

XXI.

Un Lit de Justice en 1574.

O triste vie ! qu'il faut passer à craindre, à soupçonner, à combattre, à confondre, à punir.

Il n'était bruit dans Vincennes que de la séance royale qui allait avoir lieu ; trois régimens d'infanterie , deux de cavalerie , campaient autour du château dont les issues étaient soigneusement gardées. La reine-mère, dans cette matinée, ayant mandé les chefs de ces divers corps, avait voulu leur faire prêter serment de fidélité entre ses mains; tous en l'assurant de leur obéissance entière s'étaient refusés à son désir, disant que le roi seul pouvait les délier de leur fidélité, et que jusqu'à son abdication ils ne pouvaient reconnaître que ses seuls ordres. Médicis avait entendu avec dépit cette défaite, et déjà de nouveaux colonels étaient nommés pour remplacer ceux-là aussitôt la proclamation du nouveau roi faite par les hérauts-d'armes.

Dès conseillers d'état, le premier président du parlement de Paris, les présidens à mortiers, douze conseillers de la grand'chambre, les gens du roi, à cette même Cour, étaient arrivés; des députations du grand conseil de la cour des comptes, de celle des aides, les suivirent successivement.

Les princes du sang étaient chez Médicis, à part le roi de Navarre, mais il y avait là le duc de Montpensier, le cardinal de Bourbon, le comte d'Angoulême et le baron de Saint-Remy, MM. de Montmorency, de Tavannes, de Crussol, Larochefoucauld, la Tremouille, de Bellay, d'Amboise, de Clermont, de Pardaillan, de Lavardin, de Rohan, de Guerchy, de Clisson, de Grammont, de Noailles, de Gontaut.

Autour de la reine-mère se pressait la phalange italienne dont elle avait inondé la France, Gondi, Retz, le duc de Nevers, les Strozzi, les Salviati, les Ornano, les Fiesque, les Frangipanni, les Ursins et les Birague, etc., etc.

Tout ce monde attendait avec impatience le moment promis, et certains, plus politiques, s'étonnaient que le roi eût appelé autour de sa personne tant de seigneurs, tant de gentilshommes qui lui étaient dévoués ; cela leur paraissait étrange; et plus d'un faisait là-dessus des réflexions qu'il ne communiquait pas autour de soi.

Catherine, ce même matin, était entrée chez le roi; elle l'accabla de caresses affectueuses, lui parla de sa tendresse et du bonheur dont elle jouirait lorsque plus tard tous les deux se dirigeraient vers ces contrées heureuses que le soleil dore constamment de ses feux; puis, au milieu d'un propos tout d'affection, elle s'interrompit :

« —Sire, dit-elle, pensez-vous que dans un jour aussi solennel que celui-ci, on ne trouvera pas singulier de ne voir autour de votre trône aucun des princes lorrains; à votre place, et prévenant l'acte de grâce que votre frère promulguera, n'ayant d'ailleurs acquis aucune preuve que le duc de Guise ait conspiré contre votre autorité royale, en le maintenant à Paris je lui rendrais sa liberté. »

Charles demeura pendant un temps sans répondre; enfin, s'y déterminant :

« — Quoi! lâcher un tel ennemi lorsque lui-même est venu se mettre dans mes filets! ce serait un acte de démence... Cependant, puisque ma mère croit que la présence du duc de Guise ajoutera à la splendeur de la séance, je lui accorde sa liberté pour aujourd'hui et pour les huit jours suivans; il promettra, par parole d'honneur, de se rendre prisonnier à cette époque; si cela, Madame, vous convient, je vais donner l'ordre à Lespare de vous remettre un seigneur si important. »

La reine, avec son arrière-pensée, accepta la proposition de son fils, qui sans tarder, intima au baron Hugues, de remettre son prisonnier, après lui avoir fait prêter serment de venir à huitaine reprendre ses fers. Lespare exécuta la volonté du roi; le duc ayant acquiescé à la condition imposée à sa mise en liberté temporaire.

Cependant le moment solennel approchait, et Charles, persuadé de la nécessité indispensable, et pour le bien de ses sujets, d'entrer dans une nouvelle voie, n'avait pas songé à prendre quelque nourriture; cette abstinence exalta sa tête en même temps qu'elle lui enlevait la vigueur et l'énergie dont il aurait besoin. Tout était prêt et on n'attendait que le roi, lorsqu'il sentit les forces physiques prêtes à lui manquer, et la faim se fit tout à coup ressentir à lui avec une puissance impérieuse.

Il manifesta son désir; des pages, des valets se mirent en mouvement, et peu après et comme par enchantement, un déjeuné fut servi dans sa chambre; le roi se mit à sourire à la vue de la profusion des mets qu'on lui présentait, et loin d'y faire honneur, il coupa lui-même un morceau de galette, et son premier échanson lui présenta sur un plat d'or une large coupe d'agate Elémentaire, pierre précieuse d'une magnificence extrême, que le sculpteur Flamand Lemoine avait creusée, ornée de reliefs élégans, et enrichie d'émaux, travaillés à la manière des fées; un vin sorti des vignobles de Lunel dont la couleur éclatante effaçait celle de l'or radieux, rémissait dans le vase élégant et le remplissait à plein bord.

Tout préoccupé de la scène qu'il allait ouvrir, songeant aux diverses péripéties de ce drame solennel, il ne s'aperçut pas que machinalement il avalait jusqu'à la dernière goutte cette liqueur chaude et parfumée; il en résulta d'abord une sorte d'éblouissement dont il ne se douta pas, puis sa tête se troubla, son corps bondit, ses yeux se grandirent, et en même temps leurs prunelles se remplirent de singulières visions.

Plus que jamais il se retraça le passé au

moment où il allait en prendre une vengeance complète. La nuit de sang, cette nuit que la France déplore depuis deux siècles et demi passés, se montra toute à lui dans ses moindres détails; ses oreilles épouvantées entendirent à la fois le tocsin, toutes les imprécations des assassins, les cris de douleur et de désespoir des victimes; de pâles lueurs lui laissèrent apercevoir cette populace abominable, avide de meurtres, de pillage, de crimes; ces calvinistes demi-nus, épouvantés, fuyant en le maudissant; tous chargeant son nom des épithètes les plus odieuses et les mieux méritées.

Bientôt sa main fit le geste de repousser la fatale arquebuse qu'il déchargeait sur ses malheureux sujets..... elle tonnait, et à chaque éclat ses muscles se raidissaient, ses muscles se crispaient, se contractaient sous d'horribles tiraillemens; des mots entre-coupés, des paroles de terreur sortaient pressées de sa bouche et dévoilaient la violence des remords dont son cœur était rempli.

Les quelques seigneurs intimes réunis autour de lui pour grossir son modeste cortège, le roi de Navarre chargé de veiller avec plus de soin que les autres gentilshommes, ce monarque ainsi frappé dans sa raison, le roi de Navarre, dis-je, qui, venu après le léger repas, cause unique de cet étourdissement, n'en savait, n'en devinait pas la cause; d'affreuses idées remplirent son imagination ; il soupçonna un nouveau crime, et trop indigné pour ne pas le punir, déjà il appelait à lui le baron de Lespare, le comte de la Roche-Aymond, le sire de Marsillac, le vicomte de Rohan, ce dernier, proche parent d'Henri de Bourbon, et qui en cas d'extinction mâle dans la maison royale, aujourd'hui régnante, lui eût succédé dans le royaume de Navarre, et tous ensemble tenaient un conseil où l'on agitait, si à l'aide d'un prétexte d'une maladie prompte, on ne retarderait pas le grand conseil où le roi était attendu.

On ne sait ce qu'ils auraient arrêté, lorsqu'un des officiers de la chambre de la reine-mère parut précédant et annonçant cette princesse; ce nouvel incident, accablant les bons serviteurs, ils se contentèrent de se ranger autour du roi et de le recommander à la Providence, et Charles de plus en plus préoccupé, se leva néanmoins à l'approche de Médicis accompagnée d'un cortége insolent par son nombre, par la dignité de ceux qui le composaient, et dont la foule somptueuse contrastait avec le petit nombre et la simplicité des amis du roi; il y avait là le cardinal de Bourbon, que la Ligue, dans la suite, osa couronner roi de France au préjudice de son neveu, souverain légitime, sous le nom de

Henri IV, lui porta celui de Charles X. Le cardinal Georges d'Armagnac, archevêque de Toulouse, Charles de Lorraine et de Guise, archevêque de Reims, Antoine de Créqui, évêque d'Avranche, Jérôme Souchier, abbé de Cîteaux, Nicolas de Pellevé, archevêque de Sens, Claude d'Angennes et de Rambouillet, évêque du Mans, les évêques de Beauvais, de de Laon, de Langres et de Noyon, de Montpellier, de Carcassonne, celui de Nantes, et les archevêques de Bordeaux, d'Aix, de Vienne et de Lyon, les maréchaux de France François de Montmorenci, élevé à cette dignité en 1559, et qui mourut en 1579, Artus de Cossé, de Saulx, Tavannes et Honorat de Savoie, marquis de Villars, grand-amiral de France, Armand Gontaut, de Biron, maréchal de France plus tard, et alors grand-maître de l'artillerie, Philippe Strozzi, dont j'ai fait connaître le parentage avec Médicis, était alors à sa suite en qualité de colonel-général de l'infanterie.

Le grand-aumônier de France, l'ingrat Amyot, qui doit à sa traduction de Plutarque et de Longin la renommée encore attachée à son nom (1). Le duc de Guise, sous le titre de grand-maître de France, osa se montrer à la suite de sa protectrice; mais cependant et par une manœuvre habile, il essaya de ne pas être aperçu d'abord par le roi. Le duc de Mayenne, son frère, quoique bien jeune, faisait déjà

(1) Jacques Amyot, né à Melun en 1513, fils de pauvres ouvriers; il entra dans les ordres, son esprit se développa. Nommé précepteur des enfans du roi Henri II; il obtint de Charles IX la grande-aumônerie, et l'évêché d'Auxerre. Henri III le créa commandant de l'ordre royal du Saint-Esprit. Ingrat, il se donna à la Ligue. Henri IV, par punition, lui enleva la grande-aumônerie. L'admirable traduction de Plutarque, celle de *Daphnis* et *Chloé*, si célèbres par leur charme et leur naïveté, et qu'encore on préfère aux plus modernes, ont fait la gloire principale d'Amyot, qui a traduit aussi Théagènes et Chariclée, il décéda en 1557.

fièrement les fonctions de grand-chambellan; plus tard, il aspirait à la couronne, et sa prétention indignait les bons Français qui, le voyant encore dans son rôle de haute domesticité, ne pouvaient croire que le valet titré de nos rois osât prétendre à se parer de leur mante royale, à troquer les clés de service contre le sceptre de Clovis, de Charlemagne et de saint Louis. Léonor de Chabot, comte de Charni, portait l'épée de grand-écuyer; Jean IV de Beuil, comte de Sancerre, venait là au titre de grand-échanson; il était suivi du duc d'Aumale, Claude de Guise, grand-veneur, Charles de Cossé, comte de Brissac, grand-fauconnier; le grand-louvetier, Jean de la Boissière; le maître des eaux-et-forêts, Tristan de Rostaing, achevaient de fermer ce brillant cortège.

A la vue de tant de splendeur, le roi portant autour de lui un regard de dédain, et paraissant compter avec ses doigts le nombre faible de ses fidèles, se mit à sourire avec un sentiment de dignité inexprimable, et puis à demi élevant la voix :

« — Oh !..... oh ! madame, dit-il, on voit bien que le roi se couche et qu'un autre soleil va le remplacer. »

« — Sire, répondit Médicis avec adresse, voyez là plutôt une marque du respect que l'on vous voue, et avec quel empressement on honore les personnes de vos proches que l'on sait investies de votre confiance.

« — Oui-dà, de cette façon je le comprends mieux ; cependant, j'avoue que mon humilité n'est pas assez profonde pour me montrer en un tel abandon ; souffrez que pour soutenir le parallèle, je revête pour la dernière fois, sans doute, ces vêtemens que je déposerai bientôt au profit d'un plus heureux souverain..... Or çà, dit-il, en élevant la voix, qu'on me donne cette mante royale si chargée d'or et de fourrures, et qui cache souvent de mortelles douleurs; le sceptre qu'on trouve lourd en ma main, et que j'essaierai de soutenir, au moins jusqu'à tantôt; les éperons de chevalier, je les porte de droit... Un jour peut-être... »

Il se tut, et continuant de regarder l'assemblée.

« — Marchons! dit-il, et qu'on me connaisse, enfin. »

Les assistans, étonnés, se regardaient réciproquement. Médicis réfléchissait, elle cherchait le sens des paroles du roi et, surprise de cette vivacité qui n'avait de rien l'accablement et de la mélancolie que le roi affectait depuis quelques jours, elle se demandait si son fils, instruit à son école, ne se serait pas attaché à la jouer aussi.

Le cortège cheminait, une grande salle

avait été disposée pour la tenue de cette séance ; les invités l'occupaient déjà en partie, et bientôt toutes les places furent remplies par ceux qui devançaient leurs majestés. Médicis précédait son fils ; elle aurait voulu le suivre, afin de constater déjà sa supériorité ; mais Charles, avec un geste impérieux, lui avait dit : « Madame, à chacun son rang, » et elle, confondue, s'était soumise, espérant plus tard se dédommager.

La vivacité de l'air extérieur produisit son effet sur les sens du roi ; ils étaient déjà presque exaltés, mais au moment où le roi dépassa la porte, sa tête s'échauffa, une sorte de délire s'empara de toute sa personne, et il entra dans ce vertige qui, naguère encore l'égarait.

A son aspect, lorsqu'il eut franchi la porte de la salle, chacun se leva respectueusement ; nul, d'après les bruits répandus, ne soupçonnait au roi cette vigueur, cette énergie; sa tête, fièrement relevée, supportait le diadême avec grandeur; il marchait d'un pas grave et solennel, et semblait jouer avec le sceptre qu'il était prêt à quitter, disait-on. Il monta rapidement sur le trône, s'assit, se couvrit: pendant ce temps, la reine-mère, le duc d'Anjou, monsieur de Montpensier, le cardinal de Bourbon prenaient leur siège, tandis que le roi de Navarre, debout au milieu de la salle, paraissait attendre les ordres du roi; mais celui-ci rêvait, il demeurait immobile, et, sans faire attention au lieu où il se trouvait, tout à coup se levant.

« — Coligni! cria-t-il, prenez votre place, venez assister à la réparation éclatante qui va être faite du plus abominable attentat. »

Cette appellation à laquelle, certes, nul n'était en mesure de s'attendre, produisit sur l'assemblée un effet tel que celui qu'inspire la foudre lorsqu'elle éclate inopinément ; tous les yeux se portèrent vers le roi, et lui, apercevant le garde-des-sceaux qui, précédé de ses quatre massiers, entourré de ses hoquetons, suivi de quatre conseillers d'état, venait s'asseoir sur la forme fleurd'élisée qui lui était réservée au pied du trône. Le roi, dis-je, d'une voix tonnante :

« — Messire de Birague, arrêtez-vous, que venez-vous faire à ce lit de justice ? »

Le garde-des-sceaux, accablé, confondu, anéanti sous le poids humiliant de la question royale :

« — Sire, dit-il, en bon serviteur, je viens faire le dû de ma charge.

« — Mon fils, se mit à dire Catherine en se penchant vers sa majesté, seriez-vous par trop souffrant ? »

Mais lui, sans écouter ce que lui disait sa mère, et ne cessant de lancer à Birague un regard de colère :

« — Faire le dû de votre charge!... soit, en l'absence de votre chef naturel; mais là, où le chevalier chancelier de France exerce, du commandement absolu du roi, le garde-des-sceaux devient un officier sans office. Monsieur le roi de Navarre, mon frère, poursuivit Charles en se tournant vers Bourbon, vous que j'investis de ma confiance, vous, mon véritable ami, veuillez aller quérir messire Michel de Lhospital! trop long-temps l'intrigue, l'impudence, la trahison peut-être le séparèrent de moi. Ah! jamais ce noble magistrat n'aurait donné son consentement au crime qui me souillera toujours! Qu'il paraisse, que l'exercice de sa charge lui soit rendue, que son retour soit le premier gage de ma réconciliation avec mes sujets!»

Le roi de Navarre sortit par une porte qui s'ouvrait sur l'un des côtés de la salle, et les battans ne se fermant pas après lui permirent à la reine douairière, au duc de Guise et à d'autres conjurés de voir les six colonels des régimens en garnison à Vincennes suivis d'un corps nombreux d'officiers amenés là, sans doute, pour aider le roi en cas de péril.

Birague, terrorifié et en proie à une rage que sa fallace naturelle déguisait imparfaitement, s'était assis sur un pliant qu'on lui apporta au-dessous de celui qu'il avait cru occuper ce jour-là, et toutes les tortures de l'enfer contractèrent son cœur; la haine, la vengeance, l'ambition déçue élevèrent en lui de furieuses tempêtes, et il attendit avec autant de crainte que d'anxiété ce que lui réservait une aussi fatale disgrâce.

Michel de Lhospital parut; ce grand homme, ce sage antique, égaré dans une Cour si criminelle; la sérénité de son front, la paix, la douceur de son regard, cette physionomie toute de mansuétude, sa barbe blanche, son sourire bienveillant, sa démarche noble et sans ostentation, le souvenir de ses vertus, des services majeurs qu'il rendit au royaume, sa loyauté inattaquable, cette vie si pure, si simple, si éloignée de toute corruption, l'espérance du bien qu'il pourrait faire encore, celui que, certainement il conseillerait au roi, tout se réunit pour inspirer aux membres de cette auguste assemblée une joie, une allégresse qu'un murmure presque universel manifesta. Le digne chancelier, parvenu auprès du trône, salua leurs majestés, puis le duc d'Anjou, et enfin le roi de Navarre.

« — Mon père, dit le roi, il me tardait de vous revoir; votre absence m'a livré à des conseillers bien coupables! puisse le sang versé retomber sur eux, et ne pas protester contre moi au jour terrible de l'inévitable jugement! »

Le chancelier s'assit après avoir mis la

mains sur son cœur. L'assemblée, de plus en plus stupéfaite, attendait le résultat de ce début étrange. Médicis confondue, ignorant ce qui allait se passer, se livrait à des inspirations sinistres, et pourtant à l'heure où les Furies la brûlait de leurs torches ardentes, son front calme ne se plissait pas, et le sourire de l'indifférence ne quittait pas ses lèvres devenues bleues, cependant.

« — Madame ma mère! dit enfin le roi, « et il s'inclina devant celle-ci; monsieur « mon frère, duc d'Anjou; votre majesté, « roi de Navarre; vous, princes de mon « sang; grands du royaume; prélats de « la sainte Église catholique, apostolique « et romaine dans laquelle je veux vivre « et mourir; barons de France; magis- « trats; guerriers fidèles; vous tous, mes « sujets, et qui êtes animés du bien public, « écoutez-moi :

« Contraint à lutter avec une santé que des
« excès avaient affaiblie, j'ai, depuis mon avè-
« nement au trône, eu la vive douleur de ne
« pouvoir moi-même remplir mes devoirs de
« roi et de père. La turbulence, l'ambition
« de certains présomptueux abusant de ma
« souffrance n'ont pas respecté le pouvoir
« dont j'avais investi ma mère ; on a fait plus,
« on m'a trompé, on a mis sur mes yeux un
« bandeau détestable, et profitant de cet aveu-
« glement moral, on a poussé ma main au
« crime !

« Oui, je l'avoue, le roi devint coupable ;
« lorsqu'une infâme proscription troubla la
« paix du royaume, dès lors, mes jours et
« mes nuits ont été sans repos et sans som-
« meil; poursuivi du remords, j'ai vu constam-
« ment les ombres de ces victimes sanglantes
« s'asseoir sur ma couche, ou, nouvelles har-
« pies, infecter mes repas de leur souffle
« empoisonné...

« J'espérais que les ambitieux cesseraient « leurs trames insolentes; ils les perpétuent; « ils m'en enveloppent; ils en veulent à ma « couronne, à ma vie... »

Ici une rumeur d'indignation interrompit le roi; de quelques bouches s'échappèrent déjà un conseil de vengeance. Le duc de Guise pâlit; les autres conjurés maudirent la confiance de Médicis, qui les avait conduits vers un pareil piège; Charles continua:

« — La preuve du complot impie existe; « plus tard on la mettra sous vos yeux; au- « jourd'hui, je vous dirai que madame ma « mère, lasse de combattre des ennemis qui ne « se cachent plus, ayant elle-même un violent « amour de la retraite; tourmentée d'ailleurs « par le double désir de revoir sa terre natale, « ou d'aller aider au roi de Pologne, mon « frère, à supporter le poids de son sceptre

« lointain, m'a conjuré de lui accorder, comme
« preuve de tendresse, d'abdiquer cette por-
« tion de régence dont mon amitié et la faiblesse
« de ma santé l'avaient investie ; certes, il
« m'en a coûté, de me rendre à son désir, de
« me priver de sa coopération habile ; mais
» j'ai dû me rendre à sa requête vivement
« poursuivie, et dès aujourd'hui je règne
« seul... oui, seul, messieurs... »

Le roi s'arrêta de nouveau ; tous les yeux allaient de lui à sa mère ; celle-ci, émue sans doute de la solennité de la déclaration, saluait S. M., et en même temps versait des larmes ; était-ce de regret de quitter un fils chéri?... On parut le croire.

« — Dieu, continua le roi, me soutiendra, je dois l'espérer ; il me fournira les lumiè-
« res qui me manquent ; il a ranimé mon
« cœur, je sens en moi une énergie puissante ;
« d'ailleurs il ne me refuse pas de bons con-

« seillers; je placerai au premier rang mon
« auguste frère, le roi de Navarre, mon bon
« ami le chevalier de France, Michel de Lhos-
« pital, le maréchal de Retz, M. l'évêque
« d'Orléans, Jean de Morviliers, M. de Ville-
« roi, et nombre d'autres que vous connais-
« sez bien. C'est donc de ce jour que je date
« mon règne; je me déclare étranger à tous
« les actes antérieurs; qu'on ne me les impute
« point, et cependant je chercherai à les ré-
« parer tant qu'il me sera possible de le faire.
« Mon premier devoir, c'est de rassurer les
« esprits, d'éteindre la guerre civile, de réu-
« nir autour de mon trône les diverses opi-
« nions politiques ou religieuses, et pour y
« parvenir, j'ai fait dresser des ordonnances
« paternelles, satisfaisantes, complettes, sans
« faux-fuyans ni subterfuges, telles enfin
« que l'on n'y a pas accoutumé les Français;
« puissent-ils tous comprendre combien je

« les aime, me rendre la pareille et d'un com-
« mun accord, marcher ensemble vers le but
« commun; mon chancelier vous dira le reste. »

Le roi ayant terminé par cette formule d'usage, s'assit encouragé et remercié par la presque unanimité des applaudissemens et des acclamations où exaltait la noble résolution du jeune monarque, la franchise de ses aveux; on lui souhaitait de longs jours, on lui promettait à l'assemblée qu'il demeurerait jusqu'à sa mort le père de ses sujets.

Ce n'est pas que plusieurs visages ne manifestassent du dépit, de la colère, du désappointement; il avait couru de tels bruits si contradictoires avec la réalité, les intéressés le voyaient si étrangement, si cruellement trompé, que malgré leur long usage du monde, ils ne pouvaient le dominer au point que rien ne parût de leur mécompte, de leur entier désespoir. Birague, immobile, ne croyait ni à ce qu'il voyait, ni à ce que ses oreilles lui faisaient entendre. La présence de Lhospital, à cette escabelle qu'il lui avait ravie, lui devenait surtout insupportable ; il échangeait avec le duc de Guise les projets d'autres attentats ; leurs regards, messagers discrets, allaient de l'un à l'autre chargés de crimes, d'espérances coupables, ou de résolutions désespérées.

Cependant le vénérable chancelier s'étant levé, et ayant tiré de sa large manche les minutes des ordonnances, fit d'une voix forte et pleine de joie, la lecture de ces déclarations paternelles qui assuraient la tranquillité publique, affermissaient la royauté sur une base inébranlable, l'amour de tous.

La première déclarait les étrangers non naturalisés depuis vingt ans, inhabiles à remplir des charges à la Cour, dans le gouvernement et dans les finances, dans la magistrature. Elle était dirigée contre la nuée d'Italiens qui fondaient en France, et plus encore contre les princes lorrains.

La seconde proclamait une tolérance universelle ; il y avait liberté entière de prier Dieu comme on l'entendait. Les calvinistes, jusqu'alors poursuivis et tourmentés, obtiendraient des places de sûreté, des chambres de judicature composées par nombre égal de magistrats des deux cultes, des temples dans chaque ville du royaume.

La troisième annonçait la très prochaine convocation des états-généraux, auxquels on soumettrait l'état des finances ; et désormais, nul impôt ne serait levé sans leur consentement.

Plusieurs autres venaient ensuite ; les unes relatives à la police, à des mesures générales de sûreté; les autres favorables au commerce, à l'agriculture, à l'industrie, toutes dressées par

Lhospital, et dans un esprit de sagesse et de bienfaisance éclairée. Aussi, furent-elles reçues avec une satisfaction unanime; les acclamations recommencèrent, et la force se précipitant vers le trône, se prosterna en face du roi, le proclamant le père du peuple, et le restaurateur de la liberté.

XXII.

Le roi juge et partie.

> Le peuple ne voyant qu'un éclat qui l'étonne,
> Croit toujours le bonheur ou la puissance tonne;
> Et quand d'un roi fameux la pompe l'éblouit,
> Son œil n'aperçoit pas le vers qui la détruit.
>
> ATTILA.
> *Tragédie inédite*, acte I, scène V.

La nouvelle de cette révolution, car ç'en était une, se répandit rapidement dans le château de Vincennes. On entendit en dehors des murailles, les accens frénétiques des soldats et du peuple, déjà réconciliées avec le monarque ; il leur suffisait, pour l'aimer, qu'il leur promît d'améliorer leur sort dans l'avenir. Cette allégresse, ce transport, ce contentement universel, brisaient le cœur de la cabale ; une morne consternation distinguait les conspirateurs, la violence du coup qui les frappait était si dure, que nul, malgré son habitude de courtisan, ne pouvait feindre un désir qu'il ne partageait pas.

Dans le nombre, trois particulièrement éprouvaient d'horribles tortures ; Médicis, Guise et Birague : la première trompée dans ses espérances, ses prévisions, ses menées, dans son amour-propre, dans son orgueil, jouée par un jeune homme, son élève, persifflée en face de tous ceux appelés par elle pour jouir de son triomphe, arrachée à ce pouvoir dont elle s'était fait une habitude, exilée ; que dis-je, chassée du royaume ! Elle s'était laissé prendre à ses propres filets, elle voyait avec rage le succès de ses ennemis, eux à sa place, elle éloignée.

Le duc de Guise, prisonnier sur parole, avait cru que l'abdication promise du roi le délivrerait de ses chaînes; il fallait au contraire les reprendre, retomber au pouvoir d'un monarque irrité, conseillé par le roi de Navarre et le chancelier de Lhospital, une prison perpétuelle devenait sa chance la plus honorable, bien heureux il serait qu'on ne montrât pas envers lui plus de rigueur.

Le dernier enfin, le garde-des-sceaux, disgrâcié, ressentait sa chute avec une fureur vindicative plus milanaise que française. L'apparition du chancelier en le pétrifiant, en suspendant les facultés de son âme, n'avait fait qu'accroître son désespoir ou allumer le feu désormais inextinguible de sa vengeance; celui-là pâle, abattu, silencieux, demeurait comme étranger à la joie publique, et néanmoins déguisait sous un visage mélancolique, à raison de la perte de sa faveur, le ver cruel qui le rongeait sans cesse.

La reine-mère, croyant son supplice fini, et d'autant plus irritée que, loin de louanger son administration, le roi l'avait flétrie de son blâme, s'était levée et se préparait à parler; mais Charles l'arrêtant d'un geste :

« — Restez, madame, dit-il, tout n'est pas fini; après l'audience solennelle, j'ai à tenir le conseil.

« — Qui donc avez-vous à tromper encore? dit Médicis avec amertume.

« — J'ai, répliqua froidement le roi, à faire justice de certains coupables; chancelier, poursuivit-il, lisez à haute voix la liste de ceux que j'appelle sur-le-champ à un conseil plus intime. »

Lhospital prenant un autre papier parmi

ceux qu'il avait apportés, y lut chacun des noms de la reine-mère, du duc d'Anjou, des deux frères naturels de sa majesté, du roi de Navarre, de M. de Montpensier, du cardinal de Bourbon, puis des autres princes de la sainte Eglise romaine, le grand-aumônier, le duc de Guise, le duc de Mayenne, les maréchaux de France présens, les grands-officiers de la couronne et de la maison, quelques magistrats, en tout environ trente personnages, tous importans par leur position sociale ou rompus aux grandes affaires; Birague était du nombre.

Il avait pu, dans la confusion qui termina le lit de justice, se rapprocher des conjurés, les raffermir, les encourager.

« — Mais, dit la reine, que veut-il encore? quelle perfidie va-t-il dérouler ?

« — Ecoutons ce qu'il débitera; il ne peut rien savoir, profitons de son ignorance. »

Ce colloque fut interrompu par l'effroi que vinrent causer à l'assemblée les mesures que prirent les officiers de la garde du roi, commandés par le baron de Lespare; des archers, des cent-suisses, des gardes écossais occupèrent chaque poste dont le chef prit les clés, et en dehors de la salle le cliquetis des armes qui se fit entendre annonça que des troupes investissaient ce lieu, et que toute sortie en serait interdite, sous le bon plaisir du roi; aussi l'épouvante grossit-elle dans l'âme des coupables; ils se regardèrent comme perdus.

Le roi cependant s'assit sur le trône. Dès qu'il fut placé, le chancelier en monta les marches, se prosterna aux genoux de sa majesté, puis descendant à son siège et se tenant debout :

« — Le seigneur-roi, dit-il en ôtant son « mortier fourré d'hermine et couvert de drap « d'or, me donne l'exprès commandement

« d'apprendre à cette honorable assemblée que « son cœur paternel saigne d'avoir à vous si« gnaler l'existence d'une conspiration cou« pable, tendant à intervertir l'ordre de la « succession dans la famille royale. »

A ce début, l'attention redoubla; ceux qu'il intéressait particulièrement se décélèrent presque par leur affectation d'insouciance, tandis que la partie innocente du conseil manifestait une vive agitation.

« — Oui, madame, et vous, nobles conseil« lers de sa majesté, des rebelles ont ourdi « un complot; il s'agit de se défaire du roi « régnant, soit par abdication violente ou « contrainte, soit par enlèvement audacieux, « soit par le crime de mal mort. »

Ici un murmure d'horreur se fit entendre, et sans exception.

« — Le plan se serait complетté par l'appel à « la couronne de sa majesté polonaise, et déjà

« un commencement d'exécution dont les
« preuves tarderont peu à être obtenues, prou-
« veront victorieusement au conseil-privé
« l'exactitude des renseignemens venus audit
« seigneur-roi. »

La forme ambiguë de la fin de cette phrase laissa croire aux amis de Catherine, que Charles ne savait rien de positif, qu'il faisait agir d'après des soupçons plutôt qu'en vertu de pièces probantes; aussi le garde-des-sceaux crut-il l'occasion favorable, soit de se justifier par anticipation, soit de troubler ses adversaires en lançant parmi eux une pomme de discorde. Aussi voyant Lhospital s'arrêter, il se leva, et avec toutes les formes d'une servilité obséquieuse, il demanda au roi la permission de parler. Ceci était contre l'usage : néanmoins, et sur l'avis que le chancelier en donna, sa majesté fit un signe affirmatif; Birague alors se mit à dire :

« — Sire, la disgrâce inatendue dans laquelle mes ennemis sont parvenus à me faire tomber, ne me cause d'autre souci que d'avoir provoqué par une faute involontaire le mécontentement de votre majesté. Je servais fidèlement, je surveillais les calvinistes sans pour cela négliger les catholiques. Eh bien! ce matin encore, je déclare solennellement qu'il n'était pas encore venu à ma connaissance la moindre trace de ce complot. Or, sire, est-ce depuis tantôt que l'on vous a porté des lumières si vraies? La chancellerie, qui les ignorait hier, ce matin, je le répète, a donc vu soudainement les révélations accourir en foule, mais je suis sorti en fonction de l'hôtel. Monsieur le chancelier n'a pas encore été installé, et déjà il a saisi un passage, un fait aussi important? j'en doute; cette conspiration a besoin de preuves; on les promet! c'est une dérision! Qui les annonce, qui s'en étaie, doit les montrer précises, lumineuses, incontestables. Or, encore on ne fait que les annoncer ; elles viendront! qu'elles viennent, qu'elles éclatent, qu'elles confondent les coupables ; alors on ne soupçonnera pas un complot dirigé contre d'anciens serviteurs.

« — Soyez sans inquiétude, monsieur de Birague, répliqua le roi ; celui qui a parlé l'a fait en mon nom ; ce n'est pas lui, c'est moi qui ai découvert la trame, qui l'ai suivie, qui viens de la faire tomber dans les mains de la justice hier ; ce matin je n'aurais pas commis la faute en révélant ce que je savais en abandonnant aux complices des traîtres, les actes, pièces et documens que ceux-là auraient fait disparaître ; mais maintenant que j'ai ressaisi ma puissance, que des amis sincères me conseillent, que je ne suis plus sous l'influence maligne du poignand ou du poison de ces malheureux, je ne retarderai pas à prouver ce qui vient d'être avancé.

« — Vous en avez la preuve, mon fils? demanda la reine-mère excessivement émue.

« — Oui, madame, et je vais faire paraître devant le conseil privé l'agent principal de la conspiration. »

De nouveau, les conjurés se lancèrent les uns aux autres des regards inquiets, expressifs, embarrassés. Le roi ne les perdait pas de vue; il les voyait se compter entre eux et se rassurer en se trouvant tous réunis dans le salon; mais leur contentement fut de peu de durée, quand ils entendirent Charles appeler le sire de Lespare, et lui dire à haute voix de faire venir sur-le-champ le nommé Robert Touchet.

Ce nom éclata terriblement dans le cœur des coupables comme la foudre qui, tombant dans les campagnes abruptes, détache l'avalanche du sommet de la montagne et retombe de bonds en bonds dans l'abîme des vallées.

Médicis baissa son front hautain ; les lèvres du duc de Guise devinrent blanches ; ses dents claquèrent ; le maréchal de Montmorenci s'indigna que, par sa faiblesse, son nom fût lié à cette procédure avilissante ; quant à Birague, sa raison se troubla, et de profonds soupirs lui échappèrent.

Bientôt le sire de Lespare, qui était sorti au commandement du roi, amena soigneusement enchaîné le soldat effronté qui a déjà paru dans ce fragment historique. Celui-ci, avant que de se laisser voir, élevait déjà sa voix aigre mais étendue :

« — Que me veut-on ? à quel piége me suis-je laissé prendre ? je suis innocent ! »

Ces paroles, prononcées avec effronterie, rassurèrent momentanément des complices qui s'étaient crus perdus, et ils se flattèrent que la fermeté de leur contenance empêcherait de les soupçonner. Robert fut conduit dans l'espace libre qui se trouvait entre la portion de la salle réservée à la Cour, et celle où les autres conseillers prenaient séance. Le chancelier était devant lui, debout et placé de manière à l'empêcher de voir librement les traits du roi; celui-ci, d'ailleurs caché par le jeu des draperies de son trône et par les ombres qu'elles projetaient sur lui, par le sceptre d'ivoire, entouré d'un serpent d'or et chargé d'une boule d'or aussi sommée d'une statue de Charlemagne dont elle couvrait sa tête, et qui, posée devant le visage du roi, ne permettait pas de l'examiner de trop près.

Lhospital, chargé de l'interrogatoire :

« — Quel est votre nom? dit-il.

« — Robert Touchet.

« — Votre âge?

« — J'ai vingt-cinq ou vingt-six ans; que sais-je? compte-t-on jamais avec des amis? et, certes, le temps est le mien, je le vois toujours fuir avec regret.

« — On vous accuse de haute trahison.

« — Je le sais; je connais mon calomniateur, et, à mon tour, je vais arracher le voile qui le couvre. C'est un vil misérable, un officier de la chambre du roi, un séducteur infâme qui, profitant de mon absence, aurait séduit ma sœur malheureuse, l'aurait entraînée hors de ma tutelle, toute de paternité. Indigné de sa scélératesse, cherchant à soustraire à son influence la pauvre créature abandonnée, je le rencontrai, l'autre jour. D'abord, avant que de le punir, je l'engageai...

« — Robert, garde-toi du mensonge, cria une voix qui partit du côté du trône. »

Le soldat, à cet avertissement, tressaillit; ses genoux ployèrent sous lui, et un instant son audace parut abaissée; mais, bientôt après elle grandit de nouveau, et reprenant son arrogance.

« — Oui, je dis la vérité! je la soutiendrai

malgré le crédit de ce parjure ; il a eu peur de mon épée ; il est tombé à mes genoux ; il m'a promis de se lier avec Marie par des nœuds éternels, bien que je le méprisasse, bien que sa lâcheté l'eût perdu à mes yeux ; j'acceptai ses conditions ; je le laissai vivre dans sa bassesse, et cet odieux brigand n'a pas craint de courir auprès du roi, me dénoncer d'un crime imaginaire.

« — Quel est le nom de ce personnage ? demanda le chancelier tranquillement.

« — Lothaire de Laon ! se hâta de répondre Robert, comme si dès ce nom dévoilé, lui devenait innocent de l'accusation assumée sur sa tête ; mais un murmure qui s'éleva même parmi les complices lui fit connaître que sa défense tournait défavorablement. Le chancelier lui répondit :

« — Il n'y a pas dans le Louvre, ni au service de sa majesté, ni à celui de la reine-mère, ni à ceux des princes un individu qui porte le nom de Lothaire de Laon.

« — Il vit, néanmoins! s'écria Robert en frappant du pied le plancher, il existe, le misérable! qu'on ne le cache point, qu'on l'amène, qu'on le confronte avec moi, qu'on nous entende contradictoirement; je suis certain de lui prouver qu'il est un parjure et que je suis fidèle au roi... Viens, Lothaire, viens que je te confonde!

« — Et tu nieras au roi que tu n'es pas coupable! » dit à son tour Charles IX qui, s'éloignant de son trône, se rapprocha de Robert. Celui-ci, inattentif et plus occupé du chancelier que du monarque, n'avait pas aperçu ce dernier venir à lui, et lorsque le roi lui eut parlé, lorsqu'il eut reconnu, dans cette auguste figure, celui qu'il venait de demander avec tant de véhémence, on le vit se reculer avec effroi, sa physionomie se contracta horriblement, un cri de honte, de remords, de rage trompée; un triple cri, dis-je, lui échappa, et puis il cacha son visage dans ses mains afin qu'on ne vît pas son découragement.

Charles, l'examinant avec une impartialité sévère, attendait que son ennemi, terrassé par la force de la vérité, lui rendît hommage; mais Robert n'y songeait. La terrible révélation qui lui était faite ne lui permettait pas de nier davantage; il aurait soutenu un mensonge dont on aurait pu lui prouver l'imposture; mais lui, il comprenait que le parjure, que la félonie ne le servirait pas. Le roi cependant voyant la prolongation de cette contenance de honte, si elle était de remords, ne put s'empêcher de reprendre la parole.

« — Eh bien! Robert, dit-il, accuseras-tu encore de mensonge les dépositions de Lothaire de Laon?

« — Non, sire, répondit le frère de Marie, je cesserai de récuser le fatal amant de ma sœur; mais lui-même ne fait-il pas faute à sa promesse? ne s'était-il pas engagé solennellement à ce que le roi n'en sût rien ?

« — Ce ne fut pas en ces termes, reprit Charles, que l'homme dont vous accusez la bonne foi a, devant vous, engagé sa parole ; il promit que lui-même n'en dirait rien au roi ; mais le roi n'était-il pas en personne dans cette confidence ? n'écouta-t-il pas ce qu'il te plut de raconter ; crois-moi, ne le pousse pas à bout, implore sa clémence. On a saisi chez toi, en même temps, les papiers que tu avais enlevés au roi de Pologne : ceux-là prouvent ta culpabilité, et, en même temps, celle des complices qui, par l'effet de leur infamie, se sont déshonorés en marchant après toi : chancelier, appelez ces hommes criminels qui, pour satisfaire à leur ambition, se sont souillés en se rapprochant de lui.

« — M. le duc de Guise, dit le noble vieillard aucunement ému.... M. le duc de Guise, répondez à l'acte d'accusation qui pèse sur votre tête. Répondez-leur aussi, messire de

Birague, ex-garde-des-sceaux de France. »

Plusieurs autres noms moins connus furent encore appelés ; on remarqua parmi les conjurés l'oubli de celui du maréchal de Montmorenci ; c'était par égard pour le grand connétable, et en hommage à sa mémoire, que son fils était traité avec cette distinction.

Mais l'infernal Robert, enragé de ne pouvoir dorénavant nier au roi de France ce qu'il avait si témérairement avoué au fantastique Lothaire de Laon, voulut du moins se venger avec éclat. Dans cette pensée diabolique, il se tourna vers le chancelier, et élevant la voix de manière à ce qu'il fût entendu au-delà de cette salle :

« — Par la Mort et Passion, messire Lhospital, avec quels filets faites-vous votre pêche ? c'est là le monde renversé, les gros brochet sse sauvent au travers de grosses mailles, qui se resserrent ensuite, afin de retenir les petits ; ne trouvez-vous pas sur cette pièce d'accusation le nom du duc de Montmorenci, et le nom, bien autrement sonore, de madame Catherine de Médicis, reine douairière de France ? »

A ces deux accusations si directes, si éclatantes, il ne resta pas dans l'assemblée une bouche muette, toutes se réunirent pour s'étonner de la manifestation qui venait d'avoir lieu; certains ajoutaient qu'assurément il fallait que la chose fût certaine, puisque le roi paraissait moins s'indigner que se livrer à une amère douleur.

« — Mon fils !... ah ! sire, s'écria la reine, serai-je condamnée par un vil calomniateur ?

« — Non, certes, madame; jamais, en France, la mère du roi ne sera prise à parti que sur ses propres actes, et comme vous avez écrit au roi de Pologne d'accourir pour s'emparer de ma couronne, que vous sauriez retirer de mon front avant son arrivée, ce sera seulement sur cette pièce, toute de votre main, que vous aurez à vous expliquer avec ceux que je désignerai, dans le cas où vous ne voudriez plus vous retirer hors du royaume. »

Médicis, accablée par la sévérité de cette réplique, ne répondit pas un seul mot. Le silence un instant régna dans la salle, puis on entendit le duc de Montmorenci dire à son tour :

« — Sire, il y a ici un coupable qui reconnaît sa faute ; il la réparera sur les champs de bataille, et il remet à demander son absolution lorsque, par de brillans faits d'armes, il aura mérité une clémence indulgente.

« — Oh! l'homme à double cœur, s'écria le duc de Guise avec indignation, va, ce ne sera pas toi que, plus tard, je redouterai ; lorsque ma main aura saisi les rênes du gouvernement, tu marcheras confondu dans la foule.

« — Et vous, prince, dit Charles IX, pensez-vous que les inculpations qu'on vous réserve seront faibles et tomberont devant votre génie? détrompez-vous, on a des preuves de votre félonie, nombreuses, convaincantes; votre correspondance avec le roi de Pologne, avec des villes de France, et, enfin, avec le monarque espagnol lui-même ?

« — Je le nie.

« — Oh! par la mort de Dieu, vous serez jugé solennellement en belle et noble cour de pairie; là, croyez-le bien, justice vous sera faite; tous vos papiers seront soumis à une sévère investigation; car, quand on provoque la foudre, il est rare qu'elle ne tombe pas sur le sol où témérairement on l'appelle. Rappelez-vous les notes, titres et documens, les lettres qui, étant confiées à cet homme (et le roi désigna Robert), ont été saisies, tant sur lui qu'à son logement, rue Maubuée. »

Malgré l'arrogante contenance du duc de Guise, la révélation du roi le frappa de consternation; il se tourna involontairement vers le frère de la jeune Marie, et le querella de son visage irrité.

« — Par Satanas en personne, s'écria le soldat emporté par sa mauvaise humeur et en même temps par le dépit qu'il ressentait de s'être fourvoyé d'une aussi sotte manière, je l'aurais donné au plus fin merle de France! Qui se serait imaginé de trouver le roi, mon souverain seigneur, dans le plus mince officier de la chambre? je voyais un cadet de bonne mine, tendre, passionné, franc, qui me disait, Ainsi soit-il, à chacune de mes pate nôtres: oui, moi, comme un sot, j'ai cru engluer l'oiseau; d'ailleurs j'avais parlé de lui, et on m'avait recommandé de le prendre à la pipée.

« — Je n'étais entouré que d'ingrats et de traîtres! dit le roi en levant les mains au Ciel, tandis que ses yeux se remplissaient de larmes. »

« — Ah, sire! repartit le duc d'Anjou avec une noble chaleur, j'ai jusque-là gardé le silence, mais lorsque vous paraissez m'accuser indirectement, je ne peux m'empêcher de prendre Dieu à témoin que je n'ai ni de près, ni de loin, jamais comploté contre votre majesté!

« — Je le sais, mon frère, et je me plais à le reconnaître publiquement; je sais même avec quelle indignation vous repoussâtes les propositions honteuses qui vous furent adressées ; ni vous ni mon frère de Navarre ne trempâtes dans ces odieuses machinations ; à part vous, le complot existe, il est prouvé, il entraîne la peine capitale. »

Ces mots derniers furent à peine prononcés que le cardinal de Bourbon, ses collègues, le grand-aumônier de France, Amyot, évêque d'Auxerre, se levant de leur siège, demandèrent la permission de se retirer, les saints canons de l'Eglise romaine ne permettant pas à des prêtres de prendre part à toute délibération, à tout jugement qui emporte peine de mort, et ceci en vertu du célèbre axiome : *Ecclesia abhorret sanguine*. Charles, instruit de l'exigence du canon emportant peine d'anathème pour qui le violerait, accorda par un signe de tête la requête qui lui était présentée, et le conseil se trouva d'autant plus diminué après le départ des princes du saint-siège et des évêques. Le chancelier se tournant vers le roi :

« — Sire, dit-il, à chaque avènement d'un monarque français, sa clémence signale ce moment auguste; le roi, en quelque sorte, commence d'aujourd'hui seulement à régner; il me semble qu'en une circonstance pareille, une amnistie prouverait sa magnanimité et punirait noblement les coupables. »

« — Oh ! oh ! mon père, répondit Charles IX en souriant, on me l'avait bien dit que vous aimiez mieux prendre les mouches avec du miel qu'avec du vinaigre ; mais ici, par la mort Dieu, les taons sont si énormes, si dangereux, leurs piqûres déjà si venimeuses, que j'ai besoin de méditer sur votre proposition. Messieurs, poursuivit-il en élevant la voix, les conspirateurs ne s'en sont pas tenus à de simples paroles ; des substances empoisonnées m'ont été administrées, on voulait ma mort, Dieu et mon fol m'ont sauvé la vie; je ne rougirai pas de proclamer que je la dois à Brusquet; tel est l'état des choses, c'est ce qui excite ma sévérité; je pourrais vous en dire davantage, vous faire frémir, mais je n'ai pas oublié le quatrième commandement.»

Lorsque ces terribles paroles tombèrent sur Médicis, elle, que le roi jusqu'alors avait ménagée, ne put plus long-temps commander aux fluctuations pénibles de son âme. Laissant échapper un cri douloureux et prolongé, elle se serait laissée tomber sur le plancher si on ne l'eût retenue; mais ses yeux étaient fermés, la pâleur de la mort couvrait son visage; son fils eut pitié de cet état, il ordonna que l'on appelât les femmes de la reine; en même temps il déclara que le duc de Guise, le sire de Birague et le duc de Montmorenci resteraient détenus dans le palais: quant aux conjurés d'un ordre inférieur, ainsi que Robert, ils durent demeurer sous la garde sévère du sire de Lespare.

Médicis fut amenée dans la chambre ; on appela messire d'Abatia qui, à la science d'astrologie mêlait celle plus utile de la médecine ; il jugea important d'ouvrir la veine et de préserver sa majesté d'une suffocation qui serait devenue dangereuse. Médicis, en revenant à elle, jeta tout à l'entour des regards égarés et même inquiets, et lorsqu'elle eut reconnu les lieux, son sang circula plus facilement et sa physionomie parut moins altérée. Il y avait auprès d'elle, outre ses femmes et le philosophe, le maréchal de Retz, son parent, et Birague, qui avait sollicité de Lhospital avec tant de persistance de suivre la reine évanouie, que cet excellent homme n'avait pu le lui refuser, quoiqu'il vît là, dans ce désir, moins d'affection que d'envie de régler un plan de défense ; mais il était de ces ennemis généreux qui auraient honte de profiter de leur avantage, et qui sont accoutumés à user généreusement de la victoire.

Un signe de la reine fit sortir les personnes de son service; il ne demeura près d'elle que Birague et l'astrologue, et sa première caméréra, Italienne, née à Florence, et de l'âge de Catherine, qu'elle n'avait jamais quittée. Celle-là, instruite de tous les secrets de sa maîtresse, possédait justement sa confiance; aussi ne prit-elle pas pour ordre de s'éloigner le geste impératif de sa majesté, et agenouillée devant elle, Laura lui présentait de temps en temps une cassolette remplie d'essences et d'aromates de l'Orient.

Médicis demeura comme accablée encore, soit par la souffrance, soit par le souvenir de tout ce qui venait de se passer; sa poitrine haletait, ses mains se crispaient par mouvemens convulsifs; et là, plus libre, la reine ne déguisait plus sa confusion et sa douleur.

FIN DE LA TROISIÈME PARTIE.

Quatrième Partie.

XXIII.

Suite d'une matinée de Cour.

> Il est des Cours où la permanence du vice fait de la vertu une curiosité remarquable.
>
> *Pensées inédites.*

> Prêt à commettre un crime on recule abattu,
> Et l'effroi du forfait conduit à la vertu.
>
> Olphis, *tragédie inédite.*

« — Laisse-moi, Laura, laisse-moi ! dit tout à coup la reine-mère; je n'ai besoin ni de tes parfums, ni de tes flatteries; je suis frappée au cœur! j'en mourrai! c'est possible. Mais, ma très sainte patrone, vous que je ne manque pas d'invoquer chaque jour dans ma prière du soir et du matin, n'est-ce pas, que vous ne me laisserez pas mourir sans vengeance ?

« — Sa majesté se trouve mieux, dit le garde-des-sceaux à l'astrologue.

« — Non, non, je suis, au contraire, un peu plus mal; je sens en moi des tortures inexprimables!... Un enfant me jouer! me tromper! me déshonorer publiquement!... Avec quel art, quelle incroyable habileté a-t-il conduit sa haine, et maintenant je suis en son pouvoir... vaincue; je suis sous le poids d'une sentence qu'il peut faire rendre quand il voudra; je ne suis plus reine, plus redoutée; il ne reste que l'ombre de Catherine de Médicis!

« — Espérez mieux de l'avenir, se mit à dire Abatia, les astres vous promettent encore un long règne.

« — Ils m'ont trahie! s'écria Catherine,

ou vous m'avez trompée en leur nom, et vous-même, qui osez me consoler, vous, n'êtes-vous pas au rang des parjures? Que s'est-il passé pendant l'audience que naguère vous eûtes du roi?

« — Sa Majesté ne me récompense pas selon mon attachement, repartit le prétendu philosophe, elle se méfie de moi...

« — De vous, oui... de tout le monde dorénavant, de Birague comme de Laura... Qui se serait douté de l'imbécillité de Robert? le misérable, qui va trahir notre secret en le confiant au roi!.. Et moi, qui semais l'or autour de mon fils pour connaître ses habitudes, ses liaisons, ses fantaisies. Eh bien! on m'a laissée ignorer celle-là! et mon imbécille joaillier m'a fait prendre le change; et j'ai donné, dans ma maison, une place à la sotte bête qui a pris mon gendre pour mon fils. »

Elle s'arrêta. L'astrologue alors :

« —Le roi m'a parlé des hautes sciences, il voulait un thême de ma main.

« — Non, ce n'est tout; il a reçu de vous un contre-poison.

« — Ah! madame, quelle injure!

« — Il l'a reçu; car, dès ce moment... »

Elle s'arrêta, vit avec effroi la fausse route où elle s'engageait, et, se reprenant... « Oui, mon fils me fait l'affront de se défier de sa mère, et, néanmoins, qui le peut aimer mieux? en quelle circonstance ai-je abandonné ses intérêts; vous le savez, Birague, vous qui l'avez si honorablement servi... et quelle en est la récompense.?

« — Le roi me traite bien sévèrement!

« — Cette maudite correspondance... elle est dans sa main... le duc de Guise est perdu!

« — Eh bien! madame et auguste parente, se mit à dire le maréchal de Retz qui, jusqu'alors, s'était tenu en dehors de la conversation, que vous importe, en définitif, que ce prince soit heureux? à votre place, je ne serais pas fachée de sa fin hâtée ou de son éloignement; celui-là, je vous le répète, est l'ennemi naturel de vos fils.

« — C'est possible, répondit Catherine, mais il me soutient contre eux.

« — N'êtes-vous donc pas son ami? demanda Birague étonné au Florentin.

« — Je ne le suis que des serviteurs du roi; c'est au roi que j'ai juré fidélité en venant en France. Le roi m'a comblé d'honneurs, de dignités, de pensions; ma fortune vient de lui, et j'avoue que je n'aime pas qui conspire contre le roi.

« — Et depuis quand, mon cousin, faites-vous de la morale-pratique? répondit aigrement Médicis, je vous croyais mon homme lige venu avec moi, soutenu par moi, élevé grâce à moi.

« — Je m'en souviens si bien, madame, que je ne souffrirai jamais que vos fils, mes maîtres, soient mal menés par un audacieux Lorrain; ce ne sont pas des commandemens, des gouvernemens, des cordons, des titres, qu'il désire, mais la belle et grande et bonne couronne de France! Oh! le compère frappe dru et monte haut; si la reine ne le voit pas, si ceci vous échappe, messire Birague, tant pis pour le royaume, il tardera peu à tomber en dissolution.

« — Prophète de malheur! reprit la reine, voilà donc que vous m'échappez pour courir au vainqueur. »

« — Le reproche est d'autant plus injuste, repartit le maréchal de Retz, que dans ce moment, où la Cour à vos pieds ce matin, ce soir vous abandonne, je suis avec vous, madame, et j'y suis seul, car l'astrologue ne compte pas encore, et un disgrâcié tel que

M. de Birague, sous le coup d'un crime d'état, ne compte plus.

« — Eh bien ! mon cousin, puisque seul vous me restez fidèle, rendez-moi un service, le dernier, sans doute, que je réclamerai de votre attachement. Allez vers le roi, peignez-lui ma douleur, mon désespoir ; dites-lui que, déterminée à sortir de Paris, à me retirer à Florence ou à Rome, je le conjure de m'accorder une dernière entrevue, une seule, que je tiens à lui ouvrir mon cœur ; ne perdez pas de temps, je vous en conjure ! je compte les heures, les minutes, et il serait affreux de me coucher sans avoir vu tête-à-tête mon fils : sans son beau-frère, sans influence étrangère, alors nous nous entendrons mieux. »

Le maréchal de Birague remercia la reine de la mission qu'elle lui confiait ; il ne tarda pas à commencer son rôle d'ambassadeur, et il partit aussitôt, dès qu'il eut quitté la chambre.

« — Messire Birague, dit la reine, je suis seule, abandonnée; on peut chercher à surprendre les secrets d'une pauvre veuve, passez dans la salle voisine, et veillez à ce qu'on n'entre pas chez moi sans m'en avoir prévenue. Toi, ma fidèle Laura, fais également le guet du côté des petites pièces; pendant ce temps je confesserai l'honnête homme que voici... » et elle désignait du doigt l'astrologue.

Le garde-des-sceaux d'une part, la camériste de l'autre, s'empressent pareillement, comme le maréchal de Retz, d'aller veiller où Médicis le leur commande, et dès qu'ils sont sortis, dès qu'elle est demeurée seule avec le signor Bertrand del Abatia, elle fait signe au philosophe de venir à elle, et alors l'examinant avec des yeux de hyène affamée:

« — Ecoute, fourbe, dit-elle, écoute-moi

bien... tu ne m'en imposes plus ; les astres ne sont pas en rapport avec toi ; chacune de tes prédictions est devenue une imposture ; mais tu es habile physicien, tu connais les vertus, les sucs des plantes, tu sais extraire d'elles et des minéraux des poisons prompts et infaillibles; tu dois avoir de ceux-ci prêts à servir ; donne-m'en un... un qui soit certain.. un qui laisse à peine deux jours de vie au coupable qui le recevra; je ne veux plus dépendre ni de l'un de mes fils ni de l'autre, tous les quatre ont été, sont ou seront des ingrats ; je veux, s'ils m'abreuvent de trop de chagrin, pouvoir dans un ou deux jours me soustraire à leur tyrannie ; j'attends ma liberté d'un *boucon* ; mais aussi souviens-toi que si tu ne me sers qu'à demi, que si ta science mixtionne en même temps une antidote à ce poignard en bouteille, c'en est fait de toi, je te ferai pendre au sommet de la tour où tu loges. Pas de réplique! va quérir ce que je te demande... tu me connais. »

Le pauvre sorcier, qui certes la veille, en dressant ses calculs cabalistiques, ne s'était pas douté de tous les évènemens de la journée, se tint pour dit et n'osa pas répliquer à la reine. Il sortit de la chambre par l'issue secrète qui l'y avait conduit et qui aboutissait à sa propre demeure, pendant que Médicis allait elle-même prévenir Birague du relèvement de sa station. Celui-ci rentré auprès de Catherine :

« — Madame, à quel jour fixez-vous votre départ? demanda-t-il avec une indifférence calculée. »

« — Dès que le roi me chassera, répondit-elle, ou plutôt au lendemain de celui où vous serez pendu..»

Birague frissonna dans tous ses membres; il pâlit.

« — Ma bonne maîtresse m'abandonnerait donc? »

« — Que faites-vous à son encontre ? à qui vous êtes-vous donné ? Est-ce à mes fils ? au roi de Pologne ? à moi ? au duc de Guise ? Répondez..... J'ai compris votre manège, vous vous êtes fait Lorrain.

« — Que je sois privé de ma part de la vie éternelle et céleste, riposta le garde-des-sceaux avec vivacité, si je me suis rendu coupable de ce crime ; non, madame, je n'ai de liaison avec ce prince que dans vos intérêts, et je l'abandonnerai si vous pensez que sa perte vous est utile.

« — Je ne sais encore rien de ce que je ferai, car j'ignore ma destinée ; le duc peut me servir, il peut me nuire ; mais quant à vous, tremblez ! si je ne vous retrouve pas ce que vous étiez autrefois. Je ne veux pas de serviteur équivoque maintenant : puisque vous aviez pour prison le château de Vincennes, je vous commande d'aller à la recherche du duc, appelez-le en secret, qu'il apprenne de vous la résolution où je suis, celle de quitter la France, si je ne sors pas satisfaite de mon explication avec le roi. »

Médicis demeurée seule, croisa ses bras et se mit à réfléchir, puis machinalement élevant la voix comme si elle eût causé avec elle-même :

« — Etrange destinée ! se dit-elle, j'étais jeune, on vantait ma beauté ; un fils, prince de France devient mon époux, et bientôt après il me doit la couronne... Son frère aîné vient à mourir soudainement. Peut-être la reconnaissance aurait dû ouvrir son cœur à l'amour, il n'en fut rien ; le roi Henri II me préféra l'impudique maîtresse de son père, la vile Diane, duchesse de Valentinois ! Je supporte pendant douze années cet affront ; consolée par ma fécondité, je dédaignai ma rivale, et ma colère ne menaça que mon perfide mari. Le gentilhomme le plus adroit de France, Montgommery, fit acte de maladresse et de malheur, il tua le roi, mon époux, en 1559, dans les fêtes chevaleresques d'un tournois. L'aîné de mes enfans monta sur le trône, je devais me croire appelée à gouverner sous son nom... La fortune, pour me contre-carrer, l'avait marié à une jeune reine, miracle de beauté et d'esprit : François II ne voit plus que par elle, les Guise, oncles de Marie Stuart, m'écartent, me repoussent. J'allais tomber dans le mépris... La mort vint encore à mon aide; le roi mon fils expira plutôt encore selon l'ordre de la nature que le roi mon époux. Régente alors de droit, je vois successivement périr autour de moi tous ceux qui m'embarrassent; le roi de Navarre, la reine sa femme, le prince de Condé, le maréchal de Saint-André, le connétable (Anne de Montmorenci), Coligni, sauvé du coup d'arquebuse de Maurevert, n'échappe pas au pêle-mêle de la saint Barthélemy, qui me délivre d'une foule de sapeurs secondaires, et me voici de nouveau conduisant le gouvernement royal..... mais une nouvelle tempête surgit, le dernier roi, mon fils, ne se ressouvient plus que je suis sa mère, il m'outrage, me repousse; ma fortune ici m'abandonnera-t-elle? celle de mes ennemis ne succombera-t-elle pas ? »

Médicis fut tout à coup retirée de sa rêverie par le retour du signor d'Abatia. Il portait dans ses mains et soigneusement recouvert de plusieurs linges, une boîte de nacre de perle, ornée de plaques d'or ciselées avec un soin extrême; il l'ouvrit et fit examiner à la reine les quatre petits flacons qu'elle contenait: le premier renfermait une liqueur ayant la pureté de l'eau de roche, celle-là s'appelait *l'aqua toffana*; elle donnait insensiblement la mort; la seconde, d'une riche couleur d'or, portait le nom de *larmes d'héritiers*; quiconque en aurait avalé quatre gouttes expirait dans la semaine : le troisième boucon laissait briller une matière rouge et talqueuse, c'était la fameuse *poudre de succession* ; l'individu dont on en empreignait un linge ou qui la respirait, ne traînait pas son existence au-delà de vingt-quatre heures ; enfin l'esprit détenu dans le quatrième flacon était si volatil qu'il suffisait qu'on le respirât pour tomber subitement mort ; sa couleur était verte, et son nom *la foudre*, afin de bien exprimer l'incalculable rapidité de ses effets.

« — Tenez, madame, dit l'astrologue à la reine, tous les trésors du monde ne parviendraient pas à payer convenablement les objets dont je vous fais l'hommage; chacun d'eux a exigé de moi plus de quinze ans d'études, de recherches, de réflexion et de main-d'œuvre ; qui les possède réunit un des attributs de

Dieu, car il peut détruire les hommes à volonté, et sans presque laisser de traces visibles de son passage.

« — Je vous remercie, signor, repartit la reine avec plus de bienveillance qu'auparavant, je vous promets une récompense telle que vous serez satisfait, mais je vous le répète, malheur à vous, si un contre-poison était donné. Adieu, rentrez dans votre appartement, et n'en sortez que lorsque je vous ferai appeler. »

Bertrand d'Abatia, irrité de la manière dont la reine le traitait, et d'autant plus irrité que l'orgueil le plus honorable l'avait précédé, se retira le cœur rempli de haine et de vengeance ; il est difficile que l'on supporte le mépris et la tyrannie de ceux-là mêmes pour qui l'on s'est vu un objet d'admiration ! plus on tombe bas, plus on se rappelle la hauteur où l'on était parvenu, et la situation dernière n'en devient que plus insupportable.

L'astrologue, dans ses dispositions hostiles, sortait de l'appartement de Médicis, lorsqu'elle fut aperçue par le fou Brusquet; ces deux personnages, après avoir débuté en ennemis réciproques, avaient fini par se rapprocher et même par s'entendre. Brusquet n'oubliait pas le service que l'astrologue avait rendu involontairement au roi, et d'Abatia était charmé de n'avoir plus à redouter les sarcasmes et le persifflage d'un homme en possession de tout dire.

Brusquet, la marotte à la main, parcourait le château, étonné du mouvement extraordinaire qui avait commencé depuis le matin. Il savait, comme tout le monde, que le roi, loin d'abdiquer, ainsi qu'on en faisait courir le bruit, avait repris vigoureusement le plein exercice de son autorité; il connaissait la captivité du duc de Guise, la disgrâce du garde-des-sceaux, le retour de Lhospital, l'exil de la reine-mère; mais il ignorait les incidens du conseil-privé et tout ce qui se rapportait à Robert Touchet. Or, comme il est de l'essence de l'espèce humaine d'être plus avide de ce qu'on ignore, il guettait au passage ceux en mesure de le contenter sur ce point; or, il savait les rapports en quelque sorte familiers de l'astrologue et de Médicis; il se flatta par celui-ci d'être initié dans le complément des mystères de la journée, aussi l'aborda-t-il avec bonhomie.

« — Dieu te garde, dit-il, sinon grand prophète, du moins habile physicien.

« — Encore est-ce quelque chose que la concession que tu me fais, repartit en riant Abatia, autrefois peut-être m'aurais-tu donné un plein brevet d'ignorance.

« — Frère, répliqua Brusquet en affectant une bonhomie dont l'Italien fut la dupe, car en point d'amour-propre, le plus subtil est aisément trompé, c'est qu'alors il y avait entre nous déclaration de guerre, maintenant nous sommes amis, et je croirais manquer à l'amitié si je ne vous rendais pas justice. Mais, poursuivit le fol en tournant rapidement sur lui-même et en faisant faire le moulinet à sa marotte, il paraît que la journée est chaude, que la bataille dure encore; sais-tu en morts, mourans ou blessés, combien il en restera tantôt sur le champ de bataille.

« — Jamais assez, mon camarade, pour completter la sûreté du roi.

« — Le penses-tu?

« — Je l'affirme, et si le roi s'endort sur sa victoire, il sera perdu.

« — Abatia, mon très cher, n'as-tu jamais réfléchi, repartit le fol, à ce qui est préférable d'un collier de chanvre ou d'un collier d'or massif, à la différence qu'il y a d'être élevé sur un bon genêt d'Espagne plein de feu, leste, rapide, ou d'être branché à une potence en place de Grève, soit à la croix du Trahoir?

« — Si, de par Dieu, s'écria le philosophe, et la chaîne en sequins de Venise fondu, et le bon coursier, me paraissent mille fois préférables.

« — Me crois-tu ton ami, astrologue?

« — Oui, car si tu es malin, du moins ne peut-on contester ta franchise.

« — Eh bien! écoute-moi de tes deux oreilles... Il revient au roi qu'on en veut à sa vie, que ce ne sera pas avec le fer qu'on l'attaquera, vu le danger pour les conjurés de ce genre de crime, mais au moyen des drogues, eaux, liqueurs, essences, que tu sais composer, dit-on, si gentiment; or, je viens d'entendre le roi dire au chancelier Lhospital :

« — Mon père, mon existence dépend du

parti pour ou contre moi que prendra dans cette circonstance le savant Abatia ; si je meurs, tenez pour certain que ce sera par le concours de ses drogues. Ainsi je vous charge, ainsi que vous, mon frère d'Anjou, et vous, mon frère de Navarre, dès que vous me verrez entrer en agonie, de vous saisir de lui, de le faire coudre dans un sac et de l'expédier en amusette aux poissons de la rivière. »

L'attention avec laquelle le fol intelligent examinait au visage l'astrologue pendant cette révélation menaçante, lui permit d'y voir l'épanouissement d'amour-propre qu'y avait répandu l'épithète accolée au nom dudit Abatia, et si honorable pour lui dans la bouche du roi de France. Lorsqu'il eut achevé, l'interlocuteur, levant les mains au ciel :

« — Et tu jures, sur ton honneur, que tu as entendu sa majesté dire ce que tu me répètes ?

« — Sur mon honneur, sur le tien, sur celui de toute la France et de l'Italie.

« — Ah ! Brusquet, mon ami, dit alors l'astrologue en secouant piteusement la tête, je suis un homme perdu !

« — Oui, perdu, si par ton secours le mal est déjà fait; mais exposé seulement, si encore tu n'as fait que promettre le boucon.

« — Il est livré, répliqua le philosophe en se penchant à l'oreille de son nouveau confident, et la mort m'est promise si je travaille à contre-carrer l'effet de ce que j'ai livré, car maintenant je comprends ce qui tout-à-l'heure me semblait pêcher par obscurité.

« — Ainsi donc, de part et d'autre, te voilà perdu... Allons, réfléchis où sera ta planche de salut ?

« — A secourir le roi de France, à le préserver d'un complot abominable; je ne balance pas.

Brusquet, à ces paroles, ne put se retenir, et sautant au cou du philosophe, l'embrassa sur les deux joues.

« — Que Dieu t'exauce! que Dieu te soutienne, honnête empoisonneur! oui, crois-m'en, rentre dans la bonne voie, viens trouver mon frère Charles, conte-lui l'affaire, et il te remettra en écus d'or, ton pesant, et plus au-delà.

« — Certes fol, on voit bien qu'au moment où tu es le plus sage, il y a toujours en toi quelque reste de ton extravagance; moi, me montrer chez le roi présentement, et dix minutes après cela serait su des ennemis de ce grand monarque, et ceux-là ne se gênerait point pour me payer le salaire qu'ils m'ont promis; faisons mieux, je vais rentrer chez moi, il y a dans le corps de logis que j'habite un escalier par lequel on descend dans les souterrains du Louvre; ce soir entre six et huit heures, moment où nul ne vient à moi, parce qu'on sait que je retire de mes creusets et de mes alambics, les poudres ou les liqueurs que je compose, si le roi de Navarre, déguisé, conduit par toi veut arriver jusqu'à mon laboratoire, en y venant par la portion de ces caves qui passent sous l'appartement royal et dont je sais que Charles IX a les clés, je m'engage non-seulement à lui apprendre tout ce que je sais, mais en plus, à lui fournir des drogues bien autrement souveraines dont le roi et non ta levrette a fait un usage si avantageux..... As-tu pensé me tromper un instant? Oui, si sa majesté est en vie, elle me le doit; d'ailleurs, à notre dernière entrevue, je lui ai remis un orviétan souverain.

« — N'importe! multiplie les moyens de résistance, je ne ferai faute de t'amener celui que tu désires voir.

« — Oui, le roi de France.

« — Qu'est-ce ? ne viens-tu pas de me désigner le roi de Navarre ?

« — C'est tout un, répondit le prophète. »

Mais Brusquet, dont la portée d'intelligence n'allait pas aussi loin, crut que par cette dernière phrase, l'Italien confondait les deux beaux-frères en raison des nœuds du sang et de leur récente amitié.

« — Adieu, dit Abatia, je crains que l'on ne nous voie ensemble, qu'on ne nous écoute, qu'on ne devine..... et le stylet serait au bout. »

Ils se séparèrent, et Brusquet, en prenant le chemin de l'appartement du roi de Navarre, ne put s'empêcher de dire entre ses dents, tandis que sa marotte était dirigée vers celui qui s'éloignait :

« — Oh ! par la mère folle, ce scélérat est un bien parfait honnête homme ; que je suis heureux de l'avoir rencontré !

Henri de Bourbon sortait de sa chambre pour retourner dans celle du roi ; un cortège nombreux de seigneurs, de gentilshommes l'environnait ; il y avait dans cette foule obséquieuse plusieurs espions attachés, soit à la reine-mère, soit aux Guise ou au garde-des-sceaux. Or, certes, dans une telle journée, ces observateurs devaient faire attention à tout, et assurément ils auraient remarqué le fol du roi s'il eût parlé raisonnablement à ce grand prince ; aussi se dit-il à part soi :

« — Allons, Brusquet, notre ami, sers à cette canaille un plat de son métier.

« — Au secours ! au secours ! s'écria-t-il... à l'aide !.. à miséricorde!.. oh ! qui voudra me protéger.... me défendre.... qui aura pitié du plus honnête et du plus sage homme du royaume français.

Et le fol gambadait, gesticulait, criait si haut, qu'en un instant tous les regards se portèrent sur lui, hors celui précisément du roi de Navarre, occupé de soins trop importans pour s'arrêter à ouïr les lamentations d'un insensé. Brusquet alors, se rapprochant du prince et lui barrant le passage :

« — Et depuis quand, dit-il, les monarques infortunés ne trouvent-ils plus allégeance et protection parmi leurs confrères de la race royale de France ? quoi ! frère de Navarre, tu passeras devant moi sans t'informer du motif de ma requête ?

« — Qu'as-tu donc, Brusquet? dit Bourbon, sois bref, ailleurs on m'attend.

« — Grand monarque, honneur des fleurs de lis, je viens dénoncer à votre majesté un crime atroce commis sur ma royale personne. Un misérable magicien, suppôt de Satan, sinon Satan lui-même, a jeté sur moi un sortilège, au moyen de pillules constellées qui influent tellement sur mon appétit, que tout-à-l'heure il m'a été impossible, à mon dîner, après avoir expédié le potage, le bouilli de bœuf, deux entrées, un plat d'andouilles, la moitié d'un saucisson de Bologne, de trois livres environ, il m'a été impossible, dis-je, de manger d'un dindon bien gras et rôti à point, que les deux ailes, les deux cuisses, la carcasse et les trois quarts du croupion ! Grand roi, j'ai dû renoncer, et il y avait encore le col, la tête, le foie et le gésier... Justice donc... justice ! »

Et les courtisans de rire, et le duc d'Uzès de dire gravement à Henri :

« — Est-ce que votre majesté ne fera rien pour son frère le roi de la folie, empereur de la lune, et Satan des brouillards de la rivière de Seine? »

Un mot jeté au milieu de ce fatras d'extravagances avait déjà donné l'éveil à Bourbon ; il savait le fait des pillules précédentes remises si adroitement par le fol à Charles IX, et à cette heure, tandis que ce mot était prononcé, un regard de Brusquet l'avait rendu plus significatif encore ; aussi, Henri se tournant vers ce fidèle serviteur :

« — Monsieur mon frère, je prends une part sincère à l'attentat commis sur votre personne royale et sacrée ; toucher à votre appétit pour l'amoindrir, le cas est, certes, de lèse-majesté au premier chef, et si vous daignez me révéler le nom du coupable, il est hors de doute que mon concours ne vous manquera pas.

« — Frère, je te dérange peut-être ? dit Brusquet.

« — Aucunement.

« — Tu allais à la chasse ?

« — Ce n'était pas mon dessein.

« — Je l'aurais cru, à la quantité de chiens couchans qui t'environnent; et comme parmi eux il en est qui rapportent à merveille, je te prierai de m'écouter à part. »

La dure plaisanterie du fol, si elle amusa le gros de l'assemblée, piqua au vif ceux qu'il signalait aussi bien ; mais pour cette fois, Bourbon plus encore convaincu de son intention cachée, répliqua :

« — La prudence est la mère de la sûreté, retirons-nous, sire, dans l'embrasure de cette *croisée* (1), et là tu pourras librement déposer tes secrets dans mon sein. »

Brusquet, d'un pas grave et lent, suivit le roi de Navarre au lieu indiqué, et là, tandis que ses gestes divertissaient la courtisanerie, lui disait brièvement :

« — J'ai découvert un nouveau crime d'empoisonnement contre le roi votre frère ; trou-

(1) On donna le nom de *croisées* à ces fenêtres des temps qui ont précédé et suivi la renaissance, et que des pierres posées en croix divisaient en compartimens. C'est manquer de goût que de désigner par le mot *croisées* les fenêtres qui s'éloignent de la forme particulière que je viens de décrire.

vez le moyen de m'accorder, vous ou lui, ou tous deux ensemble, une plus longue audience avant six heures du soir. »

Henri se reculant de deux pas, s'écria :

« — Ventre-saint-gris ! la révélation est trop importante, et puisque notre saint-père le pape y joue un rôle si mystérieux, je présume qu'il serait bon d'en conférer avec sa majesté le roi de France ; suis-moi, grand monarque, tu seras entendu en audience privée. »

Le roi de Navarre se rapprochant du groupe attentif :

« — Le pauvre fol, dit-il, que son délire est amusant ! mon auguste frère me saura gré, dans un jour si triste, de lui procurer ce régal. »

Aucun, ces paroles entendues, n'en suspecta le sens, et Henri et Brusquet furent les seuls à qui d'abord l'entrée de la chambre royale fut accordée par le baron de Lespare, en charge d'en garder sévèrement la porte.

XXIV.

Le Mensonge dans la vérité.

D'un ardent ennemi redoutez le silence
Son cœur, pour se venger, contient sa violence,
Et quand d'un front tranquille il masque un grand courroux,
C'est pour choisir la place à mieux porter ses coups.

ATTILA, *tragédie inédite*, acte II, scène II.

« — Non, non, s'écria Charles IX après avoir entendu la révélation de Brusquet, je ne souffrirai pas que suite soit donnée à cette abominable trame; la vie me devient trop odieuse, pour que je tienne à la conserver. Pauvre Brusquet! ta fidélité est digne de louange, mon amitié la récompensera, et j'aurai soin qu'après ma mort tu puisses vivre sans être dans la nécessité cruelle, pour ton âme loyale, de divertir mes assassins! »

Et le roi tendait au fol une main sur laquelle ce dernier se précipita pour la baiser en la mouillant de ses larmes, tandis qu'il se prosternait à terre en signe de dévouement et d'adoration. Mais en même temps, Henri de Bourbon s'étant saisi de l'autre main de son beau-frère et la pressant dans les siennes :

« — Eh quoi! sire, vos fidèles sujets, et veuillez me placer au premier rang, auraient la douleur insigne de vous voir sacrifier leur bonheur à la réussite du crime! notre roi abandonnerait son peuple à l'autorité de ses assassins! non, sire, vous ne le pouvez; votre majesté reviendra sur une parole de désespoir.

Souffrez, qu'accompagné de Brusquet, je coure où nous attend l'astrologue, que je reçoive sa complète révélation; mon amitié vous la demande, la France vous en supplie, et s'il le faut, la religion vous en fera le commandement. »

Charles résistait encore, le roi de Navarre redoubla ses instances, et enfin, grâce à l'entraînement de son éloquence chaleureuse, il obtint la permission d'agir dont il avait besoin.

« — Eh bien! soit, dit enfin le monarque désolé, disputez ma misérable vie aux monstres qui me l'envient, à l'un de mes frères qu'elle gêne, à une mère qui veut la reprendre, elle de qui je la tiens, et à des ingrats dont j'ai fait la fortune »

Le roi n'en dit pas davantage, brisé de douleurs, il tomba sur son lit de repos où il se mit, lui aussi, à répandre des larmes. Brusquet, cependant, sortait en affectant une mine joyeuse et, apercevant dans la salle d'attente le maréchal de Retz qui revenait prévenir le roi de l'approche de Médicis, il courut à lui et, devant ceux naguère les témoins de ses simagrées :

« — Cousin, lui dit-il, fais donner de l'avoine à ton cheval, fourbis ta rouillarde, accommode ton armure, car mon frère, le roi de France, t'a investi à ma prière, du commandement de l'armée qu'il me prête pour aller me faire rendre raison de la malice du pape qui, par magie, me force de lui servir sur mon assiette le foie et le gésier des dindons qu'autrefois à peine je mâchais. »

Cette bêtise excita une hilarité universelle; le fou poursuivit son chemin et alla se poster à la place où le roi de Navarre tarderait peu à le rejoindre après qu'il se serait adroitement déguisé.

Cependant, Catherine de Médicis plus somptueusement parée encore qu'à la grande séance du matin, arrivait à la porte que gardait le sire de Lespare, accompagnée par le duc d'Anjou qui lui donnait la main. Au moment que l'un et l'autre allaient franchir le seuil, l'austère et impitoyable officier, tout à la rigueur de sa consigne, s'annonça précipitamment, et avec un respect d'autant plus nécessaire que son refus allait paraître étrange, il s'opposa à ce que le frère du roi accompagnât sa mère dans la chambre de celui-là.

« — Eh! Lespare, dit Médicis avec autant d'humeur que de dédain, aurais-tu par hasard troqué de cervelle avec Brusquet? crois-moi, quelque retour qu'il t'ait donné, tu n'aurais pas gagné au change. Certes, je doute même que cet insensé osât empêcher l'un de mes fils de me suivre chez son frère.

« — Ainsi donc, votre majesté me place entre

la félonie et la déraison? repartit le sire de Lespare, peu satisfait de la formulle d'attaque de la reine. Monsieur le duc d'Anjou me sait son très humble serviteur, et il me pardonnera si même, envers lui, je maintiens l'ordre de mon souverain, et il n'y a qu'un roi en France.

« — Il y a du moins des valets bien arrogans! dit Médicis hors d'elle-même.

« — Plût à Dieu, madame, que s'arrêtant à ce défaut, certains autres valets n'allassent pas à la révolte et au crime de régicide. »

La vivacité de la réplique foudroya la méchante Italienne; elle tourna la tête avec un redoublement de hauteur, et le duc d'Anjou renonçant à la suivre, se contenta de dire au ferme premier lieutenant :

« — Malgré mon innocence, m'a-t-on déjà noirci dans l'esprit du roi?

« — Non, prince, le roi vous aime, sa

porte vous sera toujours ouverte ainsi que son cœur ; mais je crois que, par égard pour la reine-mère, il n'a pas voulu vous rendre le témoin de l'explication qu'ils vont avoir ensemble. Prenez patience, attendez et je vous affirme que le premier qui, sa majesté sortie, entrera, ce sera votre alteste.

« — Tu m'en réponds ?

« — Je vous le jure.

« — Ah ! Lespare, que je suis malheureux ! peut-être on abuse de mon nom, ce qu'on ne pourra faire jamais de ma volonté ; car si mon âme est à Dieu, mon cœur et mon corps sont au roi ; qu'il prenne garde à lui..... Adieu. »

Et le duc d'Anjou, traversant les groupes qui s'ouvraient à son passage, alla s'asseoir sur une escabelle voisine, et de là, appelant le maréchal de Retz, entama avec lui une conversation sérieuse et cachée. C'était le moment où, plus que jamais, il se berçait de la vaine espérance de monter sur le trône d'Angleterre en épousant la reine Elisabeth.

Et soutenue par la colère récente, par l'affront qu'elle prétendait avoir enduré de la part du sire de Laspare, la reine-mère oublia presque sa situation présente, les évènemens de la matinée, les motifs de juste mécontentement du roi, et se replaçant à l'époque assez rapprochée où sa volonté faisait la souveraine loi, elle aborda Charles IX, ayant son visage brûlant et pourpre, les yeux enflammés, les lèvres vertes et tremblantes, le cou agité par l'effet de la tension et du relâchement successifs des muscles, la parole surtout saccadée et rapide.

« — Vengeance! sire, dit-elle, vengeance du plus audacieux de vos sujets!

« — Lequel, madame? répondit Charles IX, est-ce celui qui a été pousser mon frère Henri à la révolte comme prince français, ou qui a recruté des assassins autour de moi?

« — Trompé par mes ennemis, facile à croire tout ce qui flétrirait votre mère, vous feignez maintenant de prendre le change; votre haine pour moi s'est manifestée, la cour en est remplie aussi, dès-lors, c'est à qui me prodiguera les outrages, à qui m'abreuvera d'humiliations.....Là tout-à-l'heure, presque sous vos yeux, à cette porte, le sire de Lespare, ce huguenot plus favorisé qu'un catholique, n'a-t-il pas osé arracher de mon bras le duc d'Anjou, votre frère, l'insulter et lui barrer le passage?

« — Si mon frère, au mépris de mon ordre intimé souverainement au premier lieutenant de mes gardes, a voulu forcer la consigne, il aura contraint cet officier à la dure nécessité d'assurer par la violence l'exécution de ce commandement. Toutefois, j'espère que les choses n'ont pas été si loin, et que d'une part, mon frère n'aura pas voulu mériter ma défaveur, et de l'autre, que Lespare ne se sera pas vu forcé à me prouver aussi victorieusement sa fidélité sans borne.

« — Votre frère est donc chassé de votre présence?

« — Certes, non.

« — Alors pourquoi lui faire endurer un affront...?

« — Savais-je qui vous accompagnerait? et si c'eût été un de ceux portés sur la liste du messager en Pologne?

« — Sire, je n'ai donc plus de fils?

« — Des quatre que la Providence vous avait conservés, un est mort, la vie du second est dévouée, le troisième vous reste, et celui-là vous dédommagera des trois autres que vous lui auriez sacrifiés successivement.

« — A vous entendre, mon couteau aura coupé la trame du roi votre prédécesseur?

« — Votre couteau, non, ma mère.... ce n'est pas avec le fer que vous attaquez votre sang.

« — Calomniateurs!

« — Le suis-je? soutiendriez-vous devant Dieu que je ments aux hommes lorsque je vous accuse d'en vouloir à ma vie? N'ai-je pas déjà échappé au poison qui journellement glaçait mon sang, troublait mon intelligence? D'où vient que du jour où j'ai refusé les drogues chimiques si vantées, mes veines dégorgées se sont transmis plus rapidement le principe de l'existence? d'où vient que mes idées sont plus nettes, et que je m'éloigne de ce tombeau qui devant mes pas s'ouvrait si rapidement? Il n'est aucun de vos affidés qui ne fît avec mystère un pronostic sinistre touchant ma prochaine mort. Que vous a donné il y a peu de jours, avec tant de mystère, ce fourbe adroit que je vous prie de remettre en mes mains?

« — Le philosophe.

« — L'empoisonneur !! ce matin encore, on l'a vu sortir de son antre. Que portait-il sous son manteau? quelle cassette de nacre de perle incrustée d'or vous a-t-il remise? où est ce produit curieux ou criminel de son art? Il ne fait pas un pas qu'il ne soit suivi, un geste qu'on ne le scrute; chacune de ses paroles sera pesée; mais de nouveau je le demande : que contenait le bijou précieux sorti de son cabinet? Pourquoi deux fois avez-vous envoyé quérir cet homme? A la première, quand il vous a quittée la consternation, la colère éclataient sur sa figure; on l'a entendu se plaindre et blasphêmer. A la seconde, il paraissait plus calme; il était facile de deviner qu'au prix d'un grand sacrifice il était parvenu à reconquérir votre bienveillance. Vous voyez, madame, avec quelle fidélité on surveille mes ennemis, et si désormais il leur sera possible de se dérober à mon investigation. »

Pendant que le roi avait parlé, Médicis, tenant un mouchoir devant son visage, semblait méditer attentivement; mais, lorsqu'il eut achevé, elle, laissant retomber ses mains, montra ses yeux inondés de pleurs; ils coulaient avec abondance, et leur apparition surprit désagréablement Charles IX; toute sa fermeté disparut devant sa mère en larmes, et, aussitôt, d'une voix plus douce, il ajouta à ses paroles précédentes :

« — Ah! ma mère, que votre justification me rendrait heureux!

« — Comment l'effectuerais-je? répondit Médicis, en présence d'un cœur armé contre moi de défiance et de haine, et qui, à l'avance, a résolu de ne me croire en rien de ce que je lui dirai!

— « Parlez toujours, ma mère, puissiez-vous être sincère! puissé-je vous retrouver telle que je vous ai vue ou telle que, du moins, j'ai cru vous voir!

« — Ecoutez-moi? dit la reine-mère, et, en effet, je ne vois pourquoi nous aurions entre nous des secrets cachés l'un pour l'autre. Commençons par le dernier incident, par celui qui vous occupe, d'autant plus qu'il est vrai. Oui, mon fils, j'ai demandé à l'astrologue le secours de substances vénéneuses; mais savez-vous réellement dans quel dessein? le voici : J'ai passé, en quelques heures, du du faîte du pouvoir au comble de la misère; une reine, accoutumée au pouvoir, s'est vue tout à coup congédiée, répudiée, dépouillée, prisonnière, en quelque sorte. Ennemie de l'exil et peut-être d'un jugement infamant, au milieu de cette situation horrible, ma piété a disparu, un désespoir mortel s'est emparé de moi; j'ai voulu épargner à mon fils le crime d'une mère errante, proscrite, persécutée, confondue avec des hommes avilis; en un mot, la fille des Médicis a dit qu'elle resterait la maîtresse de sa destinée, et qu'au moment où la vie lui serait par trop insupportable, elle n'avait qu'à le vouloir pour s'en délivrer... Ainsi, mon fils, le cœur brisé, la tête égarée, j'ai mandé tantôt l'astrologue; je lui ai reproché avec amertume sa fourberie, la fausseté de ses prédictions, sa fallace audacieuse, et pour mieux en venir à mes fins, je l'ai menacé du dernier châtiment si, comme physicien, il ne me servait pas mieux que comme explicateur du cours des astres. J'avais touché la corde sensible; furieux d'être méprisé, de ne pouvoir plus me tromper, et, en même temps, épouvanté de mes menaces, il a songé sérieusement à me satisfaire. Alors il a reparu, portant avec lui une cassette élégante où quatre boucons précieux sont renfermés; chacun a un pouvoir plus ou moins prompt sur notre existence, et avec eux, on peut braver la malice de nos ennemis, l'ingratitude de nos obligés, et les cruelles répulsions d'un fils. Maintenant que j'ai dit la vérité, je jure par la très sainte épine, par le bois sacré de la croix, par l'adorable hostie devenue le corps et le sang de Notre Seigneur Jésus-Christ, que chacune de mes paroles est authentique, et je me dévoue à l'enfer si la destination de ces substances, de ces eaux vénéneuses n'étaient pas uniquement dirigées contre moi.

« — Ma mère! oh! ma mère, s'écria Charles IX hors de lui, vous me haïssez donc bien pour vous munir de pareilles armes; il vous est donc bien insupportable de ne plus régner sans partage, pour vous résoudre ainsi à renoncer à votre part dans le paradis qui nous est...

« — Il vous importait de savoir la vérité, je vous l'ai dite, répondit froidement Médicis.

« — Plût à Dieu que vous puissiez aussi facilement vous justifier de votre part à la conspiration sacrilège dirigée contre ma personne royale.

« — Ceci, repartit la reine avec un flegme sans pareil, me serait impossible, j'avoue que j'étais l'âme de la révolte, et que tous ceux que poursuit votre colère n'ont été que plus ou moins mes agens.

« — Grand Dieu! quoi, ma mère, un aveu si criminel sort de votre bouche, et vous me l'adressez !

« — Mon fils, je vous ai, tantôt, promis la vérité, et vous ne me surprendrez pas à la vêtir en mensonge... J'aime le pouvoir, vous me l'avez refusé, je l'espérais de votre frère; cependant vous avez dû voir avec quelle vivacité je cherchais à vous amener à une abdication qui eût fait notre bonheur commun, si je l'eusse obtenue, que ma tendresse de mère vous eût dédommagé de ce que la reine aurait recueilli à vos dépens... Je ne vous suis rien maintenant, je vous demande une amnistie généreuse, complète, universelle; les coupables prendront le soin de se punir eux-mêmes, demain sans aucun retard, je me mets en route pour l'Italie avec Birague, qui ne pourrait démeurer en France avec sûreté pour sa personne. Les Guise renonçant aux riches établissemens qu'ils obtinrent de votre aïeul, de votre père, de votre frère et de vous, s'en retourneront en Lorraine. Qnant à Robert, je doute que le frère de Marie Touchet soit en danger de mort; qu'il parte, cependant, lui aussi, qu'il aille se faire pendre en Pologne; la hart revient naturellement à ces hommes débauchés, inquiets, actifs et remuans. Les autres conjurés éloignés de votre présence, retenus dans leurs gouvernemens, charges ou châteaux, seront suffisamment molestés et vous vengé. Croyez-moi, commencez votre règne par la clémence, ce sera le vrai moyen de vous laver du sang de la Saint-Barthélemy; songez qu'aucun d'eux ne serait mis en jugement sans qu'il ne fût en droit d'y appeler votre mère. Pensez-vous qu'il serait convenable de me faire asseoir sur la sellette en présence de Robert ? que gagnerait votre majesté à ce scandale? ou plutôt envisagez tout ce qu'elle perdrait. Voilà, monsieur mon fils, et noble roi, tout ce que j'avais à vous dire; ma franchise est complète, maintenant prononcez.

« — Oh! ma mère, s'écria impétueusement Charles IX, qu'il me serait doux, croyez-le bien, de pouvoir tout ensemble accorder mes devoirs de roi avec ma piété filiale, de partager avec vous cette autorité qui vous présente tant de charmes et à laquelle je n'arrive qu'avec dégoût. Mais les malheurs des temps, l'avidité de vos conseillers, leur fanatisme ont trop fait de mal au royaume pour qu'on ne vous reproche pas leurs excès. La France veut que je règne; ses parlemens, ses communes, ses états provinciaux le demandent de toutes parts; moi-même, je vous le dis avec un déplaisir extrême, suis persuadé de l'incurie, de l'ignorance, de la cupidité de os ministres. Ces belles contrées, depuis la mort de mon père, n'ont été qu'un champ de bataille perperpétuelle, il n'y a plus de commerce; voyez presque disparues ces nombreuses manufactures créées, soutenues, protégées efficacement par Louis XI, Louis XII, François Ier et son auguste fils; les campagnes sont abandonnées, les impôts écrasent le tiers-état, et néanmoins les coffres du roi sont vides. Toutes ces calamités parlent trop haut pour que je puisse vous faire le sacrifice de mon pouvoir; en vous le retirant, je cède à une nécessité impérieuse, désolante, je voudrais vous complaire et rendre mon peuple heureux.... Dès que l'une et l'autre choses sont incompatibles, j'accepte avec chagrin le sacrifice que vous me faites; partez donc, ma mère, puisqu'il le faut, puisque la nécessité nous en fait un besoin impérieux; mais mon amour ne s'arrêtera pas à la frontière, on reconnaîtra partout la reine de France. Réglez votre maison, vos officiers, vos gardes, choisissez les terres, les baronies, les comtés, les duchés qui composeront votre apanage, et lorsque vos hommes d'affaires auront décidé ceci, vous permettrez au roi d'y ajouter encore. Quant à l'amnistie que vous me demandez, je l'accorde, aux conditions que vous-même venez de me proposer; enfin, un temps viendra où moi-même, allant à votre rencontre, je vous ramènerai dans une cour dont vous ferez toujours le plus bel ornement.

« — Ce cher fils, dit la reine en riant, comme il s'est bien nourri de l'école italienne! avec quelle passion respectueuse, avec quelle tendre magnificence il pousse sa mère par les épaules et la met dehors!

« — Ah! madame.

« — Vous promettiez au moment de la Saint-Barthélemy, vous en souvenez-vous de l'art parfait avec lequel vous jouâtes l'amiral et les autres?... C'était très bien.... Aujourd'hui vous êtes passé maître.... Allons, ne m'en veuillez pas, ces épigrammes déchargent mon cœur, et maintenant j'oublie nos querelles; mon fils, embrassez-moi! »

Charles, ouvrant aussi ses bras, reçut et rendit le baiser de pleine réconciliation. Médicis lui donna des conseils relatifs à sa conduite royale, puis continuant sur ce point :

« — J'ai à part, moi, des notes secrètes sur toutes les familles nobles du royaume; elles vous serviront beaucoup, et ce soir, lorsque pour la dernière fois je vous porterai le breuvage salutaire composé de plantes bienfaisantes que depuis votre enfance j'ai toujours préparé moi-même, et que hier au soir encore je n'avais pas empoisonné.... J'aurai soin de me munir de ces documens précieux, ils me seraient inutiles à Florence ou à Varsovie.... Adieu, mon fils, mon cœur est soulagé puisque votre amitié me reste; je vais vous faire bénir par les conjurés en leur annonçant votre clémence. »

Un autre baiser fut échangé, et Médicis s'éloigna non plus mélancolique, mais riante et presque heureuse....

Dix minutes après la cassette de l'astrologue et les quatre flacons étaient apportés au roi de la part de sa mère, et remis de la main sûre du maréchal de Retz.

XXV.

Nouveaux acteurs à Vincennes.

> La bassesse et l'égoïsme sont les premières sciences qui s'apprennent à la Cour.

C'était au moment précis où la face de la cour changeait si extraordinairement, où l'abdication espérée du roi devenait une ferme prise de possession du trône, où la conspiration découverte et Robert confondu, on pouvait prévoir une sanglante tragédie, qu'un trio voyageur se présentait aux portes de Vincennes.

Le matin même encore l'entrée du château était livrée aux courtisans, aux curieux, à la bourgeoisie; mais tout à coup des consignes sévères, des défenses d'entrer et sortir sans le vu du sire de Lespare, avaient répandu dans les esprits une sorte de terreur et de consternation.

Ce fut, dis-je, dans ce moment que le célèbre poète Ronsart, Marie Touchet et Clair Lechard qui, ayant fait la route sans mal encombre et après avoir laissé leurs mules à l'hôtellier connu de Ronsart, se présentèrent à la porte du château. Un *On ne passe pas!* prononcé brutalement par une sentinelle, blessa l'amour-propre du chantre de *Francus* et troubla l'âme timide de Marie. Le soldat, Allemand de nation, à qui le poète était inconnu, se refusait à donner des explications, et le trio était fort embarrassé.

Alors vient à passer une manière de gentilhomme, non par la tournure, mais par le luxe des habits, qui, machinalement ayant regardé Clair Lechard, fit un geste de surprise; néanmoins, il allait poursuivre sa route si l'attention du jeune homme, éveillée par le mouvement du commensal du château, n'eût à son tour examiné celui-ci. Bientôt après Marie et le poète le virent s'avancer d'un pas rapide vers un personnage qui, tourné à demi, ne laissait pas voir sa physionomie, l'atteindre, le frapper sur l'épaule assez familièrement et s'écrier :

« — Par mon bâton d'apprenti, je gage que ce geai si bien paré des plumes d'un paon est mon ex-camarade, Nino Porcher.

— « Eh bien ! quand cela serait ? repartit

l'interpelé en faisant une laide grimace, celui-là te doit-il quelque chose? et qu'a de commun un officier du roi avec un garçon barbier étuviste.

— « A entendre M. l'officier du roi, répondit Clair, on croirait qu'il a oublié le joli rôle d'espion joué par lui dans certaine maison du Pont-au-Change; je m'en rappelle à son défaut, et j'en toucherai un mot aux nobles camarades de l'ex-barbier, si maintenant il s'avise de renier ses anciens compagnons.

« — Tu seras toujours le même, répliqua Nino, devenu souple par la crainte qu'il avait que Lechard n'effectuât sa menace, et déjà il frémissait des quolibets sans nombre dont l'accableraient les commençaux de la maison du roi.

« — Je ne change pas plus que toi, Nino, mais ne reconnais-tu pas cette belle personne?

— Oh ! vous ici, Marie ! quel bon vent vous y amène ? s'écria Porcher, dont l'amour-propre s'épanouissait de se montrer à elle dans le costume de ses fonctions, vous à la Cour, avez-vous une demande à faire, un placet à remettre ? les jolies filles ont des chances de succès, ce n'est pas qu'aujourd'hui tout soit bouleversé ; à vrai dire, la Cour est sens dessus dessous, ajouta-t-il en baissant la voix.

« Jeune homme, dit alors Ronsart, que se passe-t-il donc ? pourquoi les portes du château sont-elles fermées ?

« — Parce que le diable est dedans, répliqua Nino avec autant de mystère : on vient, dit-on, de découvrir une conspiration terrible dirigée contre le roi, et, maintenant, Sa Majesté, monseigneur le chancelier, le roi de Navarre sont à interroger un drôle qui sera branché certainement, car il a mené cette intrigue.

« — Savez-vous son nom? demanda Marie déjà tremblante.

« — Si je le sais, on le répète assez depuis une heure pour que je ne l'oublie pas de si tôt, c'est un soldat, un nommé Robert. »

Marie, poussant un cri terrible, se mit à dire :

« — Oh! mon frère! mon frère!... ne le sauverai-je pas?

— « Quoi, Marie! ce garnement vous appartiendrait de si près! tant pis pour vous! quant à moi je ne l'ai ni vu ni connu; je ne vous connais guère non plus... et, adieu, voilà qu'on m'appelle, veuillez me rendre le service de ne vous pas reclamer de moi. »

Le lâche courtisan supérieur aussitôt prit la fuite; vainement Clair Lechard le rappelait-il en lui prodiguant tour à tour les caresses et les menaces.

« — Monsieur, dit alors la jeune fille en saisissant la main de Ronsart, vous voyez déjà comment on nous abandonne; en ferez-vous autant? je n'espère qu'en vous!

« — Et bien vous faites, mon enfant, répondit le poète; certes ce ne sera pas moi qui vous ferai faute; mais, rassurez-vous, vos angoisses cesseront; dès cette porte franchie vous trouverez dans le château de tels appuis, mais il faut y pénétrer... Oh! par Dieu, la Providence me vient en aide, voici le meilleur de mes amis, le grand aûmônier de France, qui va, sans doute, se promener, celui-là nous fera entrer, je vous l'assure. »

Ronsart alla, sans mot dire, se placer sur le passage d'Amiot, que suivait un cortège d'ecclésiastiques, de pages et d'écuyers; à peine l'évêque d'Auxerre eut-il reconnu le grand poète qu'il l'embrassa vivement à plusieurs reprises, se félicitant sur le bonheur qu'il avait de le rencontrer. Puis il le prit à part et lui conta les grands évènemens de la journée; Ronsart l'en remercia et lui présenta sa requête pour être admis dans le château.

« — Il n'y avait qu'un brutal suisse, répondit Amiot, qui pût repousser le chef de la pléïade français ; le temple de la Gloire vous est trop accessible pour que les rois vous ferment leurs palais ; et, certes, mon auguste disciple ne se pardonnerait pas qu'on vous eût repoussé du sien, venez sans crainte. »

En effet, à la voix du grand aumônier, plusieurs officiers aux gardes accoururent, et dès qu'Amiot eut nommé Ronsart, aussitôt un noble accueil lui fut fait ; on abaissa les barrières, et Marie et Lechard passèrent à la faveur de sa renommée. C'était déjà beaucoup que d'avoir franchi la porte si bien défendue; mais il y avait encore plus d'une difficulté pour parvenir jusques où Ronsart voulait arriver.

Comme ils erraient dans le château, Clair Lechard vit passer le soldat, domestique intime du sire de Lespare; il se hâta de l'appeler et, lui nommant Ronsart, lui désignant Marie Touchet, il le chargea de prévenir son chef que l'un et l'autre voulaient lui parler. Le soldat, à la vue d'une jeune fille, alla s'imaginer, tant la manie des conjectures est facile à l'homme, que cette jolie fille était la maîtresse du premier lieutenant; aussi crut-il n'avoir rien de mieux à faire que de s'acquitter promptement de la commission qui lui était donnée.

Le sire de Lespare demeura charmé de la nouvelle que le soldat lui transmit; il connaissait la situation pénible et douloureuse dans laquelle se trouvait le roi, et il pensa que Charles IX, au milieu de tant de tracas de tous genres, ne serait pas fâché de recevoir Marie; mais le moment n'était pas favorable pour annoncer au roi la présence de la jeune fille. La reine-mère était avec lui, le duc d'Anjou la remplacerait, le chancelier avait demandé une audience; et l'on savait déjà que l'amnistie accordée, le roi tiendrait la Cour ce même soir et, par conséquent, ne serait pas libre de bien long-temps.

Jugeant, en homme sensible, de l'inquiétude que Marie ressentirait en restant isolée, et comprenant d'ailleurs l'embarras où elle se trouverait au milieu d'une Cour qui lui était inconnue, il prit sur lui de quitter un moment l'antichambre du roi, et de se rendre auprès d'elle pour la rassurer. Dès que Marie l'aperçut elle vint à lui avec vivacité.

« — Ah! sire, dit-elle, je suis bien malheureuse! c'est vous qui, sans le vouloir, avez arrêté mon pauvre frère, vous qui m'avez promis de me servir de tuteur, de m'assister dans les positions pénibles de la vie. Que se passe-t-il? on a, dit-on, mis Robert en accusation, est-ce vrai? Le juge-t-on? Le condamnera-t-on? Procèdera-t-on à sa mort? Ne pourriez-vous le sauver?

« — Espérez, répondit Lespare, votre frère est en péril, certainement, mais comme de plus puissans que lui partagent son sort, et, sans doute, il sera sauvé, si ceux-là s'échappent; d'ailleurs, vous avez ici un protecteur qui peut beaucoup; vous le verrez plus tard, mais en ce moment venez vous reposer dans mon appartement; que l'illustre poète qui vous accompagne me fasse le même honneur, et toi, Lechard, tu sais que tu seras toujours le bienvenu chez moi.

Marie, aux paroles de sire de Lespare, comprenant qu'il parlait de Lothaire de Laon, rougit et baissa la tête, peut-être maintenant était-elle moins irritée contre son amant, et néanmoins elle ne pouvait encore oublier ce qu'elle appelait sa perfidie, aussi ne répondit-elle point, se contentant de bien recommander à son protecteur l'existence de Robert. Lespare le lui promit, et ayant installé le trio dans sa demeure où ses domestiques lui préparèrent à manger, le baron s'en revint à son poste, où il savait combien sa présence était nécessaire.

Pendant que ces choses avaient lieu sur ce point du château, le roi de Navarre et le fol Brusquet, déguisés l'un et l'autre, et passant à travers une foule de passages souterrains, ils arrivèrent chez l'astrologue qui les attendait moitié tranquille, moitié tout épouvanté. Il savait l'habileté de la reine-mère et il la redoutait plus qu'il ne comptait sur la protection de Charles IX.

Il ferma lui-même avec le plus grand soin les diverses portes et les fenêtres de sa chambre, et, lorsqu'il se crut bien en sûreté, il entama la conférence.

« — Sire, dit-il en s'adressant à Henri de Bourbon, je dois pour l'acquit de ma conscience vous avouer ce qui s'est passé, par crainte de perdre ma déplorable vie. J'ai remis ce matin à la reine-mère une cassette remplie de quatre flacons tous renfermant des poisons plus ou moins actifs, et un surtout, devant enlever l'existence dans vingt-quatre heures ou plus tard; celui-ci possède une force irrésistible; j'ai des antidotes pour les autres, n'importe leur violence; mais *la Foudre* (c'est le nom de cette substance délétère) se joue de la thériaque et des meilleurs orviétans, un seul cas peut laisser de l'espérance; c'est lorsque pour en diminuer l'énergie, on le mêle avec le contenu d'un des trois autres flacons, alors il est possible de le dominer.

« — Ainsi, répondit Bourbon, la reine-mère est nantie de cette fatale cassette?

« — Oui, sire, et à mon grand regret.

« — La reconnaîtriez-vous si elle vous était représentée ?

« — Je l'ai possédée pandant soixante ans, jugez si elle m'est familière ?

« — Eh bien ! dit le roi, que vous semble de celle-ci ? »

Et à ces mots, Bourbon sortit de dessous son manteau la boîte au poison.

« — Oh ! miséricorde, s'écria l'astrologue en prenant avec vivacité l'objet précieux qu'on lui montrait. Oui, la voilà, oui, c'est bien elle; mais, hélas ! quoique par elle-même sa valeur monte assez haut, que ce qu'elle contenait ce matin avait une valeur supérieure!

« — Ouvrez-la signor, dit le roi, peut-être serez-vous satisfait de ce qu'elle vous présentera ? »

Bertrand d'Abatia, certain que le petit coffre servait à cacher le présent que

Charles IX lui envoyait ; mais à la vue des quatre flacons placés chacun dans leur casse, sa figure s'anima, ses yeux étincelèrent, un autre cri lui échappa, et dans sa satisfaction il se mit à parodier sacrilégement les paroles célèbres du prophète Siméon, quand dans le temple des Juifs, il lui fut permis de tenir dans ses bras l'enfant Jésus, et puis poursuivant :

« — Qu'est-ce ceci ? que s'est-il passé ? comment, sire, avez-vous en vos mains ce dont naguère mon habile maîtresse n'aurait pas cédé pour un million la moindre goutte ou la plus légère partie ?

« — Le roi, lui dit-il, a reçu de sa mère ce cadeau peu commun, une réconciliation franche a eu lieu, et cette remise en a été la conséquence.

« — Que Dieu en soit loué ! reprit le physicien érudit ; chacun des ces *boucons* aurait rempli la France de morts et de deuils. »

Et le signor Abatia tirait, replaçait, puis retirait encore chaque flacon de sa place, les présentait à sa lampe, les interrogeait attentivement avec un soin minutieux, les soupo-sait même, et lorsqu'il eut terminé ce travail :

« — Que vous en semble? demanda Henri de Bourbon, sont-ce les mêmes productions, les mêmes eaux, la terre pareille?

« — Rien n'y manque, répondit l'astrologue d'un ton solennel, le roi de France n'a maintenant rien à craindre, j'ai à son ordre des potions souveraines qui détruiront, en se jouant, les effets vénéneux des boucons ordinaires que mes émules tenteraient de composer.

« —Le roi, répliqua Henri, est si reconnaissant de ce que vous avez fait pour lui, qu'en vous assurant votre vie durant une pension de vingt mille livres, un logement au Louvre, où vous aurez chaque jour une table de six couverts servie à chaque repas, soir et matin, par les officiers de la bouche du roi; en même temps, sage d'Abatia, acceptez cette croix et le collier de l'ordre de Saint-Michel, qui annonceront à tous l'excellence de la satisfaction royale. »

L'astrologue, charmé d'une distinction aussi flatteuse, que la reine lui avait tant promise et jamais accordée, ne déguisa point son allégresse; il se confondit en remercîmens, en protestations de fidélité dévouée.

« — Allons, s'écria Brusquet, avec un tel licou, nous mènerons loin la bête.

« — Et toi, honnête fol, repartit l'astrologue, tu as été la cheville ouvrière de ce qui s'est passé, je suppose qu'on ne t'oubliera pas.

« — M'oublier? ah! ne le pense pas, cousin, j'ai déjà eu ma récompense! mon frère de Navarre te dira sur quel pied je suis avec mon frère de France; il m'a comblé.

« — Avant que Votre Majesté se retire, dit ensuite l'astrologue, il est bon qu'elle voie disparaître ces dangereux produits de la terre et des végétaux ; plaise à Dieu que nul n'en retrouve la composition! Quant à moi, je prie Dieu qu'il m'écrase de son tonnerre, si jamais je recommence ces abominables mixtions. »

Il acheva, et prenant tour à tour les flacons il les brisa sur le parquet ; alors, à l'étonnement inexprimable de Bourbon et du fol, aussitôt que la liqueur du quatrième boucon, celui appelé foudre, eut été versée, elle dévora subitement la feuille de chêne qu'elle mouilla, et ceci de la même manière que si un feu ardent y eût été allumé ; une épaisse fumée s'en éleva.

« — En arrière! s'écria l'astrologue, reculez-vous, sire, tournez la tête, cette vapeur donne la mort. »

Henri, loin de manifester une frayeur en opposition avec son beau caractère, se contenta de poser sa main devant sa bouche ; mais Brusquet, avec la légèreté d'un singe rapide, eût en un instant ouvert les deux fenêtres et établi un courant d'air qui emporta les exhalaisons de l'éther.

« — Que je suis à la fois oublieux et coupable ! dit Abatia, et que Votre Majesté doit m'en vouloir de mon imprudence ! je ne me suis pas ressouvenu de l'effet terrible causé par cette composition. Le taureau le plus robuste qui aurait aspiré le miasme dans sa moindre partie serait tombé sans vie soudainement. Grâce à Dieu, que la Providence n'a pas permis ce dernier malheur ! »

Le roi rassura l'astrologue, se réjouissant avec lui de la résolution que la reine avait prise de renoncer à un si formidable auxiliaire.

« — Je me suis alarmé à tort tout à l'heure, dit le vieillard, la destinée de Votre Majesté ne peut mentir, et elle ne descendra pas auprès de ses pères avant qu'une double couronne ne se soit posée sur son front. Entendez! entendez! s'écria celui qui parlait en ce moment, entendez mes paroles, vous, enfant de saint Louis et des héros de sa race royale! le jour s'approche où, de la Navarre, vous marcherez en vainqueur, comme un père, vers l'église où vous recevrez la grande onction. Les crimes détestables d'une femme impie irritent le Ciel; sa maison, qu'elle a voulu si puissante, sera détruite; de quatre branches successivement arrachées, elles périront dans leur jeunesse, dans leur verdure; ses filles seront stériles et ses descendans ne monteront à aucun titre, sur ce trône souillé de tant de sang, répandu pour une vaine ambition. Mais si, d'un côté, la mort aiguë arrête le développement de cette portion du chêne d'Hugues-Capet, l'autre dédommagera la France par sa vigueur et sa durée. Tu ouvriras la glorieuse série de ces monarques révérés et craints en Europe; adoré de ton peuple, cher à tes voisins, redoutable à tes ennemis. Après des guerres sanglantes tu étoufferas de ta forte main l'hydre de la révolte; mais le fanatisme se vengera sur toi de tes revers. Le règne de ton fils sera brillant, un ministre habile passera le niveau sur ces têtes arrogantes que l'on ménage aujourd'hui; de nouvelles provinces augmenteront la France; l'aigle impériale reculera, épouvantée, devant tes héros que dirigera le Lion-du-Nord (1). La Robe-Rouge (2), implacable dans ses vengeances, ne respirera que l'accroissement de ta maison; ses actes sanguinaires détermi-

(1) Gustave-Adolphe, roi de Suède, tué à la bataille de Lutzen, le 18 novembre 1633.

(2) Le cardinal de Richelieu, ministre tout-puissant sous le règne de Louis XIII.

neront la paix publique. Mais quel autre monarque succède ! Oh ! que ce jeune soleil a de lumière et de chaleur. L'Europe lutte contre lui, et seul il la terrasse et la foudroie; quatre provinces sont à jamais le fruit de ses victoires. Les grands hommes sont en foule dans sa Cour; le génie, la science, les arts l'environnent. Le siècle prend son nom, aucun prince n'aura joui de plus de bonheur, de plus de renommée; ses revers augmenteront l'énergie de son caractère, ses enfans recueilleront d'immenses héritages. Que vois-je? leur sceptre régira les contrées où naît l'aurore et celles qui voient le soleil mourir dans les flots. Espagne, Italie, il vous prépare des maîtres. Enfin, malgré les tempêtes humaines, malgré des éclipses de splendeur, la maison de Bourbon verra, sans terme, la France recevoir ses lois, la chérir et se développer à son ombre tutélaire. »

Tandis que cette prédiction étonnante et flatteuse échappait à la bouche d'Abatia; tandis que l'avenir lui ouvrait son livre obscur, le roi de Navarre, atteint malgré lui de sa partie de superstition si commune au seizième siècle, ne dissimulait ni sa surprise, ni son contentement; la supériorité de ses lumières lui conseillait de repousser des paroles, sans doute, empreintes de flatterie; mais, l'air imposant et inspiré du prophète, la vivacité de ses yeux, la rapidité de ses paroles, son ton de conviction entraînaient, malgré lui, son auditeur.

D'une autre part, Brusquet, reculé vers la porte, levait les mains au ciel et semblait lui demander la confirmation de ce qu'il entendait; enfin, quand les derniers mots eurent expiré dans la bouche du prophète, quand celui-ci, comme tout épuisé de la lutte qu'il venait de soutenir avec le souffle divin, se laissa tomber presque inanimé sur un escabeau,

Brusquet, abandonnant sa place, courut aux pieds de Bourbon et le salua du titre de roi des Français.

« — Fol, dit Henri en affectant de rire, fol, qui te joues avec un crime de lèse-majesté, garde-toi de conserver le moindre souvenir du divertissement de ce bonhomme. Quant à moi, je ne m'en rappellerai que pour lui manifester un peu plus de bienveillance; je lui conseille pourtant de réserver pour lui seul ces belles et dangereuses chimères.

« — Sire, répondit d'une voix faible Bertrand d'Abatia, j'avoue que mon étonnement n'est pas moindre que le vôtre; je ne peux vous dire quelle puissance occulte s'est emparée tantôt de moi, qui m'a fait parler ainsi, qui m'a dévoilé l'avenir de votre maison; je l'ignorais tout entier avant que vous entrassiez dans cette salle; je ne l'apercevais pas encore lorsque j'ai cassé ce boucon; mais, tout à coup, mes yeux, remplis d'une lumière surnaturelle, ont aperçu les temps à naître plus aisément que les temps passés ; ne m'accusez ni de fallace, ni de tromperie, et croyez que je vous ai parlé de la part de Dieu.

« — La suite nous l'apprendra, repartit le roi de Navarre, qui, se levant, prit congé de l'astrologue, en la compagnie du fol, s'en revint à la chambre du roi par les mêmes souterrains qu'ils avaient parcourus précédemment.

XXVI.

La Lutte.

Qu'attendre de bien de l'alliance, de l'ambition et du crime.

« — Allez, M. de Guise, allez, dit la reine-mère au prince lorrain qu'elle trouva dans sa chambre, où il était à l'attendre avec le garde-des-sceaux, remercier le roi de l'amnistie pleine et entière qu'il vous accorde; il est vrai que pour en profiter il faudra, vous et les vôtres, changer de séjour, et troquer Paris contre Nancy.

« — Le roi me chasse? demanda Guise avec inquiétude.

« — A tout jamais, le sol du royaume sera dorénavant interdit à ceux de votre maison; au reste, la même rigueur vous donne d'importans compagnons de disgrâce. M. de Montmorency vieillira, mourra dans son gouvernement du Languedoc; le cardinal d'Armagnac, dans son archevêché de Toulouse; le maréchal de Tavannes tiendra perpétuellement les états de Bourgogne; et moi, j'irai me reposer à Florence ou visiter mon bon fils, en Pologne.

« — C'est donc là, madame, la clémence royale?

« — Oui, c'est le pardon de mon fils.... Il

est vrai.... Eh bien! M. de Birague, pensiez-vous que les choses finiraient ainsi ?

« — Non, madame, répondit l'interpelé, car je croyais que la reine-mère en France était très haute, très excellente, très ferme Catherine de Médicis.

« — Que peut-elle maintenant? répliqua celle-ci, le roi n'est-il pas majeur? les lois ne sont-elles pas pour lui? n'a-t-il pas la force en main? Où est notre parti? où avez-vous caché notre trésor? où sont nos armes? Prise au dépourvu, trompée par mon élève, il m'a battue avec mes ruses. Ce matin vous pouviez tous périr sur l'échafaud.

« — Soit, reprit le Milanais, mais demain encore vous pouvez être reine.

« — C'est impossible.

« — Birague, dit le duc, ne voyez-vous pas que madame Catherine est lasse des honneurs et du commandement, qu'elle sera charmée de sortir de Vincennes au milieu des huées de la canaille; que la pitié dédaigneuse du reste de la France qu'elle traversera lui offrira quelque chose de plaisant qui, par avance, la charme; que l'hospitalité méprisante de sa famille la réjouit. Cette grande reine veut du fruit nouveau. »

A mesure que cette raillerie piquante s'enfonçait en flèche aiguë dans le cœur de Médicis, son visage tour-à-tour se recouvrait d'une vive rougeur ou de plaques d'un jaune livide; ses lèvres blanches tremblotaient, et un mouvement convulsif agitait ses mains; elle avait la tête baissée, les yeux fixés sur le plancher, sa poitrine oppressée soulevait rapidement son gorgeret. Elle entendait ces cruelles paroles, et une sueur froide dégouttait de son front. Le silence qui succéda au propos du duc de Guise fut étrange, chacun des trois interlocuteurs en frissonna.... La reine continuait à rester immobile.

« — Ma bonne maîtresse, dit enfin Birague n s'agenouillant devant Médicis, abandonneez-vous si cruellement vos serviteurs fidèles, eux qui sont écrasés parce qu'ils vous ont oulue à votre place naturelle, au faîte du pouoir?

« — Que puis-je....? Vous le voyez, je ars.

« — Restez, madame, se mit à dire impéueusement le duc de Guise, avouez-moi, et n peu de jours les meilleures cités du royaume oulevées feront trembler celui qui s'imagine arvenir à se passer de vous.

« — Ah! monsieur, répliqua le garde-desceaux, les chances de la guerre sont incerines, et à moins que sa majesté n'aille au rêche, je ne vois pas quel parti la soutienrait.

« — Et sans les combats comment ressaiira-t-elle la puissance? demanda Guise imatienté.

« — Oh ! vous autres Français, ne connaissez que les batailles rangées pour terminer une discussion, prolonger une régence changer la face d'un état. Nous avons, nous en Italie, des ressources moins éclatantes plus rapides surtout et beaucoup plus certaines. La reine est malheureuse. De quatre d ses fils qui ont dépassé l'enfance, trois n l'ont pas aimée ; un seul la chérit avec un vraie tendresse, celui-là possède les qualité d'un monarque, a l'héroïsme d'un grand capitaine. Les Français l'adorent ; ils détesten le roi qui voulut la Saint-Barthélemi. Leu amener du fond de la Pologne ce monarqu vertueux, en doter la France, serait s'en fair aimer, elle bénirait la reine d'un tel présent.

« — J'ai voulu le lui faire, repartit Médici d'une voix entre-coupée, mais l'ingrat inhabil n'a pas consenti à descendre du trône.

« — Qu'il en tombe! dit Birague. »

Le duc s'éloigna, se rapprocha d'une fenêtre et se mit à regarder la Seine avec attention.

« — Sais-tu ce que tu me proposes ? dit la reine avec véhémence et en s'adressant à son compatriote.

« — La répétition du tome premier.

« — Scélérat !

« — Préférez-vous la honte de l'exil, le mépris des Italiens, les caricatures de la France, le désespoir du roi de Pologne relégué sans retour dans les neiges du Nord ?

« — L'autre n'est-il pas mon fils ?

« — Il a cessé de l'être. L'ingratitude rompt les nœuds du sang ; un père ne doit rien au fils qui l'outrage ou l'irrite, le vôtre vous joue, vous blesse, vous avilit, vous méprise.... »

La reine frissonna....

« — Oui, vous méprise, vous le voyez, vous

le souffrez. L'injure vous voit insensible, la vengeance ne vous plaît plus, vous n'êtes pas Italienne.

« —Je voudrais être mère, Birague, je voudrais surtout ne pas augmenter cette foule d'ombres terribles, affamées, qui ne me laissent pas respirer jour et nuit. Elles me poursuivent, me frappent, me déchirent, me torturent. Sinistres, sanglantes, implacables, je les vois sans relâche : oh ! qui m'en délivrera ?

« — Les tracas de la royauté, le nombre des occupations majeures des églises construites, des monastères fondés, tout ce qui est possible à une grande reine, et non pas à une misérable exilée.

« — Je pars demain.

« — Vous avez le soir.

« — Ce soir...

« — Oui et la nuit encore..... vous commandez ici..... agissez..... songez aux époques passées, lorsque les Guise et la reine d'Écosse vous repoussaient avec plus d'avantage que maintenant; la veille vous étiez vaincue..... vous avez commencé un long règne le lendemain. »

Médicis ne répondait pas encore, elle réfléchissait, sa vie entière lui apparaissait, et tant d'actions décisives la remplissait que maintenant elle s'étonnait de ce qu'elle appelait sa faiblesse. Il y eut un moment où relevant sa tête elle promena son regard tout autour d'elle avec un aplomb, une fermeté sinistres, ses yeux rencontrèrent ceux de Birague et aussitôt son corps tressaillit, puis appelant d'un signe le duc de Guise.

« — Le roi est bien malade.

« — On le dit, madame, ce matin avant le conseil, on le disait.

« — Dieu peut le rappeler à lui, et si par là

ce malheur arrivait, il est hors de doute que la méchanceté du roi de Navarre et la haine de Michel de Lhospital me l'attribueraient; le peuple séduit me poursuivrait peut-être; qui me défendrait?

« — Eh! madame, s'écria le prince lorrain, demandez plutôt en pareil cas, qui vous abandonnerait? personne! quant à moi je vous jure que jusques au moment où sa majesté le roi de Pologne arriverait à Paris, je serai là pour mourir à vos pieds.

« — Lespare, reprit la reine, est si malicieux dans ses suppositions!

« — Cependant, repartit Birague, on voit le roi dépérir chaque jour; tantôt le plaisir de vous jouer lui a prêté des forces, mais je parie que maintenant elles vont en diminuant..... Madame, faut-il que je donne à vos équipages l'ordre de se tenir prêts pour demain?

« — Oh! le roi est un bon fils, et si sa mère a la migraine, il ne manquera pas généreusement de lui accorder un délai de vingt-quatre heures, que l'on me laisse la nuit et le jour de demain ; je demande peu de temps, je veux essayer... oh si je pouvais trouver... quoi? nul aide..... nul concours.....

« — Et la reine s'est dessaisie des boucons, dit l'Italien d'un ton de reproche.

« — A peu près..... d'ailleurs les conserver eût été trop périlleux. »

Une joie infernale brilla et disparut sur les traits fatigués de Birague..... en ce moment on heurta par trois fois deux coups.

« — Entre, Laura, entre, ma pauvre compagne d'exil.

La camériste favorite traversa la chambre et s'étant agenouillée devant la reine :

« — Votre majesté, dit l'Italienne, se ressouvient-elle d'avoir accordé à un protégé de son joailler Bernetti une petite place dans sa maison ?

« — Oui, à cet imbécille qui, prenant martre pour renard s'est niaisement trompé au point de dire maîtresse de mon gendre, la bien-aimée du roi mon fils : est-ce le même?

« — La reine n'oublie rien, dit la camériste en affectant l'enthousiasme, eh bien! ce pauvre garçon rempli de zèle sinon d'intelligence vient de courir chez moi et de m'apprendre que cette jeune fille qui ignore le rang de son amant est arrivée, il y a quelques heures, à Vincennes, où elle espère obtenir la grâce de son frère Robert Touchet; elle est maintenant avec le poète Ronsart chez le sire de Lespare qui, par reconnaissance des services que le père des deux jeunes gens a rendus au sien, veut être leur protecteur. »

L'allégresse qui éclata sur la physionomie de la reine annonça le changement que le rapport de Laura déterminait dans ses idées ; elle leva les mains au ciel.

« — Sainte Catherine de Sienne, ma victorieuse patronne, je le vois, dit-elle, il ne te plaît pas de m'abandonnner dans ce malheureux instant! Quoi! la sœur de Robert est l'amie du roi et elle ne sait pas que c'est le roi qui l'aime! et lorsque je ne songe pas à elle, la voici qui accourt se jeter sur mon passage pour me dire : Je viens te sauver ! Duc de Guise, messire de Birague, allez sur-le-champ solliciter par une lettre respectueuse une audience du roi, non pour vous justifier, mais pour prendre congé et rendre grâce de l'amnistie.

« — Madame !

« — Obéissez-moi, duc, il est possible que je fasse tant pour vous, que j'ai le droit d'exiger à l'avance un acte reconnaissant. Demandez au roi un délai de trois jours; et vous, messire de Birague, mandez au roi que partant avec moi je déciderai votre éloignement..... voilà tout; le reste me regarde.

Les deux conjurés la saluèrent en silence et sortirent au même instant.

« — A nous deux, ma Laura, va, cours en fille adroite, arrive à cette péronnelle dont tu viens de me parler; conte-lui que la reine-mère affectionnait Robert, et que malgré sa disgrâce elle peut beaucoup en faveur de ce frère. Ne lui parle pas de l'amnistie; amène-la-moi, si l'imbécille ne veut pas marcher sans Ronsart, eh bien! que le grand poète l'accompagne; conduis avec elle sa femme de chambre; si elle a son chien, son palefroi, je veux les gagner tous... Ah! monsieur mon fils, je saurai par où vous prendre, et si vous êtes inabordable je saurai par où vous punir..... Allons, sois prompte, sois leste, tu devrais déjà être revenue.

Laura ayant baisé avec autant d'affection que de respect la belle main que lui tendit la reine, se releva de son humble posture et s'empressa d'exécuter le royal commandement; elle la comptait parmi ces serviteurs aujourd'hui rares, alors plus communs qui, s'identifiant à leur maître, devenaient une portion de la famille, un meuble de plus dans une maison; dévoués, sincères, impossibles à séduire; c'étaient des modèles d'affection et de réel attachement. Laura aurait donné sa vie, son honneur pour Médicis.

Elle s'informa de la partie du château où logeait le premier lieutenant des gardes, elle apprit que son appartement était au-dessus précisément de celui de sa majesté ; un escalier secret conduisait de sa chambre à celle du monarque. A mesure que Laura approchait de ce lieu, elle entendait le son d'une guitare et une voix forte et pleine qui chantait ; elle reconnut Ronsart et devina qu'il donnait une leçon à sa gente écolière. Bientôt dès accens suaves, un timbre pur et harmonieux s'élevant la charma avec tant de puissance que Laura, étonnée et enivrée, ne voulut pas interrompre le chant de guerre que Marie Touchet répétait d'après son maître.

JEANNE D'ARC.

ROMANCE.

Conduisant un coursier rapide,
De France, agitant l'étendart :
Quelle est cette vierge intrépide,
Qu'un peuple suit de toute part :
Rebelles, tremblez devant elle,
Son nom nous répond du succès :
    C'est Jeanne la Pucelle,
    L'honneur du nom français.

« En vain du monarque de France,
« A l'étranger on veut les droits ;
« Je placerai pas ma vaillance,
« Sur ton front le bandeau des rois.
« Oh ! Charles, mon maitre, dit-elle,
« Toi seul, tu seras désormais
    « L'amour de la Pucelle,
    « L'honneur du nom français.

« A Rheims, ce fer va te conduire,
« Bon chevalier des fleurs-de-lis,

« Montre à ceux qu'on a pu séduire
« Le noble enfant de saint-Louis.
« Pour triompher de l'infidèle,
« Sois certain d'avoir à jamais
« Le bras de la Pucelle,
« Le cœur de tout Français.

« Héros si chers à la Victoire,
« Dunois, qui pour père a l'Amour,
« Sur les deux rives de la Loire
« Le drapeau blanc est de retour.
« Partout on dit : Haine au rebelle,
« A l'usurpateur, aux Anglais ;
« La France et la Pucelle
« Veulent un roi français.

« — Bien, très bien! dit Ronsart, avant peu, Marie, vous n'aurez plus besoin de mes leçons. Quelle âme avez-vous mise à cette faible romance de je ne sais quel auteur! votre bouche lui a donné du prix; et voyez ce garçon-là... poursuivit-il en désignant Clair Léchard qui, l'ayant écouté avec l'avidité d'un amant enthousiasme, restait encore dans son attitude de silencieuse admiration..... Je ne sais s'il aime la musique, mais du moins apprécie-t-il bien le bel et doux instrument.

Clair rougit, baissa et releva la tête plusieurs fois; il avait perdu son insouciance ordinaire, il était sous le charme du véritable amour... Marie suivant involontairement le geste de l'homme de génie, accorda pour la première fois, au jeune homme obscur, ce regard qui crée une seconde existence, qui procure une autre vie en inspirant à celui ou à celle qui le lance, des pensées, des sentimens auxquels on ne songeait pas auparavant, et qui vous ouvre un autre avenir.

Marie reconnut en Clair Lechard, dans sa démarche, les mouvem ens de son corps, les battemens de son cou, la manière d'élever le front et de tenir la tête, la présence de cette âme noble par elle-même, de ce rang physique accordé par la nature aux êtres qu'elle favorise; on ne pouvait douter de sa bravoure lorsque l'on avait vu ses yeux bleus, brillans, animés, spirituels; de longues paupières les recouvraient, elles, noires, soyeuses et souples; les sourcils dessinés comme si le pinceau d'un habile maître les eût crayonnés avec soin, étaient semblables, pour la nuance, à la chevelure bouclée, à tire-bouches sans prétention, sans efforts de l'art; l'ébène n'est pas plus noir, ni le jais ne jette autant de sombres lueurs; elle tombait gracieusement en boucles annelées, des deux côtés du front et sur les épaules admirablement proportionnées; le nez aquilin, long, ondulé vers le milieu, ne descendait pas en pointe sur la bouche, bien que celle-ci dût inspirer des désirs par sa fraîcheur juvénille, son éclat appétissant, le bel émail de ses dents mignonnes, bien rangées et d'une blancheur éblouissante; une peau douce, ferme, suave, couvrait des joues ordinairement pâles et qui parfois se coloraient de la nuance des roses pourpres; des doigts minces, rondelets, effilés, blancs surtout et terminés par des ongles rosés, coupés avec bonheur et d'un modèle rare. A ces avantages, Clair ajoutait une jambe élégamment taillée, un molet également loin d'un embonpoint de porte-faix et d'une maigreur excessive que complettait un pied petit et point épaté, gonflé au-dessous de la jointure et tel, enfin, qu'un sculpteur célèbre l'aurait étudié pour la production d'un chef-d'œuvre.

Clair, en un mot, joli garçon et mieux peut-être, enfant du Béarn, il possédait l'aisance des manières, la rapidité de la course, beaucoup de courage, de l'esprit naturel, de la gaîté; plus réfléchi, qu'insouciant, le monde ne l'avait pas mis à sa place, mais lui, travaillait à réparer la seule erreur que la nature avait commise à son égard. Depuis long-temps, il sollicitait du sire de Lespare, dont il était le vassal, et quelque peu le compatriote en faveur, de le retirer de la boutique de Massot et de le prendre dans sa compagnie; la chose enfin allait avoir lieu ; le roi, pour récompenser les services importans que le sire de Lespare venait de lui rendre ce jour-là et les précédens, l'élevait à la charge éminente de capitaine des gardes; le lendemain il entrerait en fonctions ayant toute à l'heure prêté le serment. Il prenait Clair au nom de ses maîtres les plus distingués (1).

(1) On donnait le nom de maître aux gardes du corps d'alors.

XXVII.

La Mère et la Maîtresse.

Presque toujours la première est jalouse de la seconde.

La douce voix de Marie ayant convié la personne qui heurtait à la porte d'ouvrir, celle-ci, Laura, se présente, elle fit la révérence en femme accoutumée aux étiquettes de cour, et qui voyait dans la jeune fille présente la maîtresse bien-aimée du roi de France. En même temps son regard rapide et scrutateur s'enquit des divers individus réunis dans cette salle; elle connaissait très bien Ronsart depuis long-temps, Marie lui plut par sa beauté simple et modeste, et la bonne mine de Clair Lechard lui inspira la soudaine pensée que celui-là peut-être servait de suppléant à sa majesté.

A la cour, il est rare que l'on ne conjecture pas de travers, on ne peut croire à ce qui est, il faut toujours que l'on ajoute à la réalité; mais en ce moment il ne s'agissait pas d'approfondir le degré d'intimité existant entre Marie et le beau garçon. Laura ne voulait que pousser la gente affligée à se ranger d'elle-même au nombre des moyens que la reine-mère mettait en jeu pour triompher; en conséquence, elle s'empressa de dire :

« — N'y a-t-il pas ici une personne attachée par les nœuds du sang à Robert Touchet?

« — C'est moi! repartit Marie; moi! qui suis sa sœur et qui voudrais le sauver du péril qu'il court aux dépens de ma vie.

« —Si telle est votre pensée, lui répondit la camériste favorite, pourquoi ne vous êtes-vous pas adressée à sa majesté la reine-mère?

« — J'ignorais....

« — Qu'elle est pieuse, charitable, aumônière! toute la France le sait, qu'elle aime à obliger, à servir les malheureux, à être clémente. Voilà ce que ses ennemis lui disputent et nient, les misérables! ils la jugent d'après eux. Cette excellente princesse n'oublie pas, ma mie, ce que l'on a fait pour elle. Robert est en disgrâce en raison du zèle qu'il a mis à remplir honorablement des missions que depuis on a mal interprétées. Tantôt, au milieu des soucis les plus amers, le hasard a porté à la reine la connaissance de votre voyage à Vincennes ; elle a su d'un jeune homme placé nouvellement dans sa maison que la sœur de Robert Touchet était à la quête de la grâce de son frère, aussitôt j'ai reçu l'ordre de courir après vous, et je ne sais où je vous aurais rencontrée, si votre voix séduisante ne m'eût attirée de ce côté. Les anges ont une manière de se faire entendre qui leur est particulière et à laquelle on ne peut se tromper. »

Cette flatterie adroite ne manque pas son but, Marie, confiante, ainsi que le sont les âmes pures, regarda la caméristе avec une attention presque respectueuse, et joignant les mains :

« — Est-ce bien possible, dit-elle, qu'une si grande reine fasse compte d'une pauvre fille, et qu'elle daigne surtout l'en prévenir par l'intermédiaire d'une dame de la cour aussi gracieuse que charmante ?

« — Oh ! répliqua Laura en riant, vous me jugez sur l'éclat de ma robe ; hélas ! ma chère enfant, là, plus qu'ailleurs, tout ce qui reluit n'est pas or. Je ne suis ni duchesse, ni baronne ; je n'ai rang ni au cercle, ni au dîner de leurs majestés ; je ne suis que ce qu'en France on appelle la première femme de chambre de la reine. N'importe, elle n'en a pas pour moi moins d'amitié, et si vous voulez aller vers elle sous ma conduite, peut-être obtiendrez-vous mieux que vous n'attendez. »

A cette proposition, Marie, se rappelant la défense que le sire de Lespare lui avait faite de quitter son appartement, avant qu'il ne reparût, se sentit embarrassée, et ses regards se reportèrent sur le poète. Laura, les suivant et comprenant leur langage, reprit la parole :

« —Mignonne, belle! seriez-vous sous la tutelle de cet illustre messire Ronsart? certes, celui-là ne vous déconseillera pas de recourir à la reine-mère, bien qu'en moindre faveur aujourd'hui qu'alors, et cependant assez puissante pour aider ses protégés.

« —Eh! signora, repartit vivement le poète qui ne se souciait aucunement de se brouiller avec Médicis, pourquoi, avant ma réponse, interprétez-vous défavorablement l'avis que je pourrais donner à cette jeune fille? très humble serviteur de la reine-mère, assurément ce ne sera pas moi qui éloignerai d'elle le solliciteur en quête d'un bon appui.

« — Mais, mon père, dit Marie, le sire de Lespare, mon tuteur, m'a recommandé de l'attendre.

« — Savait-il alors, ma douce écolière, qu'une si haute dame vous ferait des avances de service et d'amitié?

« — La route, ajouta Laura avec une expression goguenarde, n'est ni longue, ni périlleuse, quelques escaliers à monter ou à descendre, des salles, des galeries à traverser, et cela sans mouiller le bout de son pied. Je gage, poursuivit la caméristé en se retournant vers Clair Lechard, que si ce grand gars veut nous servir d'escorte, nous trois séjournerons et reviendrons sans perte d'un denier et sans maleencontre!

La plaisanterie fit rire la jeune fille, décida Ronsart, et provoqua au salut respectueux de la part de l'apprenti, charmé d'être appelé à jouer un rôle qui ne le séparerait pas de Marie.

« — Allons, allons! dit Laura, l'occasion perdue, rarement se retrouve; demain, peut-être, votre frère serait en droit de vous reprocher votre hésitation; d'ailleurs, demain, où sera la reine, elle, au moment de se rendre aux tendres sollicitations de son fils? Le roi de

Pologne qui, brûlant de la revoir, l'arrache aux tendresses de son autre fils, le roi de France... Or, sus partons, ce beau jeune homme nous servira d'avant-garde ; moi qui connais la route, indiquerai le chemin, et le grand poète vous donnera le bras.

Il fut fait ainsi qu'elle avait dit, nul du trio ne lui adressa aucune réflexion incidente. Clara cependant se reprochait la désobéissance formelle aux volontés de son tuteur ; mais la magie du grand nom de la reine commandait impérieusement la soumission. Ce ne fut point par la ligne des grands appartemens que la petite caravane se mit en marche ; la conductrice prudente, sachant qu'en un jour pareil tout était scruté, pesé, étudié, prit à travers des couloirs obscurs qui passaient dans les étages supérieurs, et au moyen desquels on allait de cette portion de château à celle habitée par la reine-mère.

Lorsque l'on fut parvenu à une salle de médiocre grandeur, mal éclairée par une fenêtre garnie d'un vitrail contenu dans ses divers losanges, par des rubans de plomb et peint des plus brillantes couleurs :

« — Faisons halte-là, dit la camériste; gentil Français, vous n'entrerez pas plus loin, car je n'ai pas le droit de vous introduire chez Sa Majesté, à moins qu'elle me le commande. J'aurai soin que le temps ne vous pèse , et je vais vous faire apporter un certain nectar de ma chère patrie, que vous voudrez bien recueillir dans la vôtre. Quant à ce grand homme, sa renommée lui ouvre de droit les portes de l'Olympe, comme dit ma reine , aussi me suivra-t-il chez elle ? enfin la belle Touchet, étant appelée la première, la conduire n'est plus pour moi qu'un devoir.

« — Clair, dit la jeune fille, ne vous ennuyez pas trop, je reviendrai bientôt.

Ces douces paroles couvrirent d'une vive rougeur le front et les joues de l'apprenti, Ronsart n'y fit pas attention ; mais Laura se mordit les lèvres.

« — Oh! madame, dit-il, lui à son tour, et en s'adressant à la favorite, je vous la recommande, j'ai à veiller sur elle par l'expresse injonction de monsieur le baron de Lespare : et que deviendrais-je si je ne lui rendais pas compte du trésor qu'il m'a confié ?

« — Oh ! le bon gardien, mâchonna l'Italienne entre ses dents, je lui confierais avec plus de tranquillité, si j'étais homme, ma bourse que ma maîtresse. Allons, beau garçon, inquiétez-vous moins de ce qu'on remet à ma garde, j'en rends bon compte. Cependant, la belle fille, partons, pas de retard à la cour, les heures sont si précieuses, et qui perd les minutes est nommé dépensier.

Le jeune Clair baissa les yeux et rougit.

Ronsart prit le bras de Marie Touchet, et tous les trois, avec Laura, pénétrèrent dans le cabinet de Catherine de Médicis dont elle faisait aussi son oratoire. On y voyait pêle-mêle des volumes de poésie, de grammaire, d'astrologie et des psautiers, des globes, des statues antiques, et le fameux saint Michel, œuvre divine, demandée à Raphaël par François Ier.

La reine était assise dans un vaste fauteuil d'ébène, garni de velours rouge; sur le dos on avait brodé les armes accolées des ducs de Toscane et des rois de France; une couronne royale d'or, et brillante du feu des pierreries les surmontait, soutenue par des anges dus au ciseau délicat de Germain Pilon (1); les bras de la chaise avaient leur part de riche sculpture; c'étaient des chimères, des colonnes torses, des serpens ailés, entaillés avec tant

(1) Sculpteur français et très célèbre; il mourut vers la fin du treizième siècle.

d'art qu'on leur croyait la vie. Cette reine ne pouvait souffrir le médiocre, elle possédait le goût pur des membres de son illustre famille.

Elle-même à cette heure-là portait une robe noire de velours ciselé, ouverte par-devant et retenue au moyen d'un double rang d'olivettes et de ganses de soie noire ; aussi à travers la fente qui prenait dans toute l'étendue du laid on voyait une autre robe de brocard d'or, émaillée de fleurs aux couleurs naturelles ; cette portion de sa parure, qu'on ne faisait qu'entrevoir, en augmentait la somptuosité ; sa taille cambrée, serrée, busquée, s'élevait évasée, en laissant pleinement à découvert presque toute la gorge et au moins les épaules, et en outre encadrées dans un collet monté, gauderonné et empesé à la mode de Flandre; un collier d'aigues-marines, garnies de brillans, soutenait une croix émaillée par Ben Venuto Cellini; les pendans et le morceau d'ornement du chef étaient de même matière, ainsi que l'agraffe de la ceinture et l'épeingle qui attachait le collet. A un rochet d'or émaillé comme la croix, était suspendus, un trousseau de clefs, un couteau, des ciseaux, un étui, un flacon, cela s'appelait un clavier; la mode en est demeurée à la bourgeoisie du midi de la France; des bas de soie noire, des pantoufles de velours, couleur de feu, et un évantail de plumes de paon complettaient l'ensemble d'un costume que nos biendisantes d'aujourd'hui appelleraient *une toilette.* Siècle étrange! où l'on a pris à tâche de dénaturer non-seulement les choses, mais encore les mots.

Si la reine-mère avait mis du soin et du goût à choisir les étoffes et les bijoux qui convenaient le mieux à son âge et à sa figure, elle ne s'était pas donné moins de peine pour composer sa physionomie. La petite fille qu'on lui amenait n'était encore que simple grisette tant qu'elle ignorerait le nom de son amant ; mais dès qu'elle apprendrait que le roi de France était son esclave, elle grandirait subitement ; peut-être devenue ambitieuse, lutterait-elle contre la vieille influence de la mère de Charles IX.

Il convenait donc à cette princesse habile de dominer à l'avance cette jeune fille, de l'étudier, de la connaître, afin de bien savoir par où elle la prendrait ; c'était la cause qu la portait à rapprocher d'elle Marie, bien qu d'ailleurs elle roulait déjà, dans sa pensée, des projets sinistres qui, par leur réussite, lui rendraient insignifians les destins futurs d'une aventurière.

Médicis à ce moment voulait plaire, aussi parut-elle riante et gracieuse ; elle tendit sa main à Ronsart et regardant la grisette avec une douce bienveillance, tandis que celle-là se mettait humblement à genoux :

« — Poète, dit-elle, c'est donc là votre élève? vous savez les choisir avec autant de tact que vous en mettez à vos productions admirables. Levez-vous, mon enfant, poursuivit-elle, venez à moi, riez, montrez-moi vos dents si mignonnettes et si perlées; oh! les yeux fripons, qu'ils doivent faire de mal! je gage qu'on signale les victimes par douzaine.

« — Et la reine a raison de le dire, repartit la caméristc arrogante de la confiance de sa maîtresse, cette gente créature a des soupirans même parmi les archers commis à sa garde.

« — Est-ce vrai? fraîche rose, demanda Catherine en s'adressant à Marie Touchet.

« — Vrai, madame la reine, répondit celle-ci, je ne sais ce que cette étrangère veut dire; je n'ai qu'un ami, qu'un bien-aimé, puisqu'il me coûte des larmes; après lui j'ai de bons voisins. Que deviendrait-on si chacun était un amant?

« —Ta modestie est complette, dit Catherine, mais ces beaux yeux font plus de mal que tu ne le soupçonnes. Qu'en pensez-vous? messire Ronsart? peut-être même que votre cœur....

« — Admire l'éclat de la rose, mais ma raison me détourne de la eueillir; parce que nous en connaissons la fragilité.

« — Ainsi, du rôle d'Abeilard tu n'en es encore qu'à celui de précepteur. Le temps et l'amour feront le reste. »

A la pensée que Ronsart pût devenir épris d'elle, Marie se mit à sourire. Il n'avait que cinquante ans, mais, pour elle, cet âge touchait à la décrépitude, et elle ne concevait pas que dans l'hiver de la vie on pût brûler encore des feux du jeune printemps. Sa gaîté n'échappa point à la reine; elle en devint blessée, se la rapportant à elle-même, et piquée du dédain de Marie :

« —Jeune fille, dit-elle, la beauté, comme la rose, passe un jour, et meurt, le soir venu; si elle est trop fière de ses avantages, la rapidité de leur durée devrait lui enseigner la modestie. Je connais, poursuivit-elle, à ce sujet, une ode anacréontique de je ne sais quel poète florentin, en voici la traduction faite par mon fils le roi....

« — Lequel? demanda courtisanesquement l'habile Ronsart.

« — Ah! il est vrai, les couronnes sont si communes dans ma descendance.... L'aîné de mes fils a été roi de France, d'Ecosse, et devenait héritier présomptif de celle d'Angleterre; le second, aujourd'hui régnant, voit ce beau royaume soumis à ses lois; le troisième porte le sceptre de Pologne en attendant mieux peut-être.... »

La reine s'arrêta et rougit; puis reprenant: Le 4e, ceignant déjà le grand bonnet ducal du

Brabant, espère en posséder un plus haut monté encore..... Heureuse mère, on peut dire..... Soit, mais non heureux fils; ils meurent et leur couche est infertile. Quel sort fatal!.... Ah! Ronsart, écoute sa chanson!

LA BRIÈVETÉ DES PLAISIRS.

Amis dont le chœur m'environne,
Bravons le sort et les douleurs ;
Que le front serein se couronne
De pampres, de vermeilles fleurs,
Aux jours brillans de la jeunesse,
Enivrons-nous de volupté ;
Et tous, chantons en notre ivresse.
Bacchus, l'Amour et la gaîté.

Compagnons, tout nous est prospère,
Le rire préside à nos jeux ;
Chacun auprès de sa bergère,
Serrons les plus aimables nœuds ;
Aimons, buvons et sans contrainte
Livrons-nous à tous nos désirs ;
Chassons une importune crainte,
Que l'amour charme nos loisirs.

Mais, quoi! cette rose brillante,
Déjà commence à se flétrir,
Et sur sa tige défaillante
Elle se penche et va mourir ;

De même s'éteint la jeunesse,
Le temps ne peut le réparer,
Plus de chants, surtout plus d'ivresse,
Trop vite il faut se séparer.

Le trio applaudit à la mémoire de la reine et à la poésie de Charles IX.

« — Ah! quel grand roi! s'écria Ronsart.

« — Tu ne dis pas comme lui? demanda la reine à la jeune fille.

« Je.... je... ne le connais pas, répondit-elle, et pourtant il tient dans sa main la vie de mon frère. Ah madame! si vous vouliez la lui enlever! le roi est votre fils, un fils aime sa mère, il ne vous refusera pas la grâce de Robert Touchet. »

Catherine, souriant avec contrainte et s'adressant à sa camériste :

« — Les bourgillonnes s'imaginent connaître le cœur des princes! à les entendre, l'amour est de droit dans les cœurs royaux. Hélas! s'il y entre, ce n'est que par exception.

« — Quoi! madame, reprit Marie confondue, plus on s'élève, moins les nœuds du sang ont de force?

« — Ce n'est pas cela tout-à-fait, belle enfant; cela veut dire que dans ces régions souveraines, en y ayant plus de lumières et de science, on y conserve moins de préjugés. »

Entendre une mère avancer que les sentimens de la nature étaient, non des devoirs sacrés, mais des erreurs dont il faudrait se défaire causa au cœur de la grisette une étrange commotion; il s'en indigna. Le sang reflua avec plus de violence, et ses beaux yeux se remplirent de larmes.

« — L'aimable fille! dit Médicis, c'est dommage que l'étiquette lui ferme la porte de mon escadron volant, il n'y serait pas d'amazone plus redoutable..... Allons, ma toute belle, calme-toi, le roi aime sa mère autant que tu as pu chérir la tienne; bien que maintes fois il la boude, il y a des momens où il est aussi bon fils que le plus mince bourgeois. Je saisirai l'heure favorable, et il ne dépendra pas de moi que Robert Touchet ne soit sauvé. »

Marie se remit de nouveau aux genoux de la reine qui, la relevant encore:

« — Mais pourquoi, dit-elle, ne verriez-vous pas le roi?.... pourquoi frémissez-vous à son nom? c'est votre père.

« — Lui, madame, répliqua Marie avec horreur, lui qui a tué le mien..?

« — Ah! une huguenote!.... le choix est bon, Ronsart, dit-elle sévèrement.

« — Je n'en suis pas coupable, madame, repondit le poète alarmé, l'amour durait depuis long-temps que je l'ignorais encore, je ne suis instruit de la réalité que depuis plusieurs jours.

« Tout le poussera à m'échapper, se dit à elle-même Catherine... le pas est périlleux....

C'est assez vous retenir, ma belle, allez où peut être on vous attend; croyez-moi, si dans cette cour vous avez un ami, demandez-lui hardiment sa protection, celle-là vaudra peut-être la mienne. »

Marie n'avait rien compris précédemment du colloque entre la reine et le poète; elle était si loin de se croire aimée du roi! mais ici l'allusion devenant si claire, elle s'imagina que la reine connaissait ses rapports avec Lothaire de Laon, et sans y attacher aucun mystère :

« — Hélas! madame, dit-elle, je lui savais du crédit, mais il s'est séparé de moi, et je ne doute pas que ce ne soit lui qui ait dénoncé mon frère. »

Elle poursuivit et révéla pleinement à la reine ce qui donnait à Médicis la pleine connaissance de l'incident par lequel le complot, si bien lié, avait failli.

« — *Pe Baccho*, s'écria Médicis, en se reportant à sa vieille Italie, il faut convenir que Robert Touchet a agi en fat imbécille. Quoi! se mettre la tête dans un guêpier! aller conter au r.. au meilleur ami du roi, un tel secret! lui vouloir faire prendre place parmi les conjurés, sans s'être assuré de ses intentions, sans savoir positivement qui c'était.....! Oh! éternelle étourderie d'un corps-de-garde! et non d'un prétendant aux gardes du corps. »

Ce jeu de mot, cette manière de concetti, calmèrent la reine déjà vivement irritée; elle salua Marie, et la remettant aux soins de la camériste, l'autorisa à se retirer, tandis que d'un signe elle enjoignait à Ronsart de demeurer.... Dès, en effet, que la grisette eut suivi Laura, la reine-mère, s'adressant au mauvais poète alors si révéré dans l'enfance du goût:

« — Où sommes-nous, Ronsart? voilà

donc *la petite reine* (1), certes, je ne m'en serais pas doutée ; quoi ! mon fils abandonne sa royale compagne (2), se recule des femmes de la cour, et cela dans le but de s'attacher à une toute naine bourgeoise de Paris, et une huguenote encore!... Au reste, je gage que plus le choix est bas, plus il est fort, que plus il humilie l'amour-propre, plus l'amour réel en prend de croissance et de développement. La marche du cœur humain est fort bizarre ; que pensez-vous de ceci ?

« — Le roi aime avec passion, il aime d'autant plus que cet attachement le jette en dehors de tout ce qui devrait l'attirer, et sa tendresse s'accroît de l'immensité de la distance qui le sépare de l'objet aimé.

(1) On avait donné cette qualification à Odette de Champdivers, maîtresse du roi Charles VI.

(2) Charles IX avait épousé Élisabeth d'Autriche, reine vertueuse, stérile, et qui survécut à son époux ; elle mena la vie de sainte.

La reine soupira, ses yeux dardèrent deux larmes qui rejaillirent sur les mains de Ronsart; il en frémit, car ce phénomène lui prouva la grandeur du ressentiment qui dévorait la reine; puis tout à coup celle-ci se réveillant de son sommeil moral, se mit à sourire avec tant d'expression, que cette fois Ronsart trembla d'épouvante; il y avait au fond de ce sentiment plus d'envie de donner la mort que de supporter l'amour d'un fils; cependant, que les paroles qui se firent entendre l'étonnèrent par leur tour conciliateur.

« — Cher maître, dit la reine, le roi te chérit, vas le trouver, peint lui d'une part mon chagrin d'être brouillée avec lui, montre-lui mon désir d'une réconciliation sincère et complette, donne-lui-en pour preuve que ce soir, si selon notre coutume, il me permet de lui apporter moi-même le breuvage salutaire que seule je sais préparer, et dont la recette vient de ma famille, ce soir, dis-je, en tête-à-tête, je lui désignerai tous les chefs des factieux, leur plan, leur but, leurs moyens d'attaque et de résistance; j'ai seule, les clefs et le fil de ce grand attentat, j'avoue que j'en fus l'âme. Eh bien! aujourd'hui, mieux éclairée, je me demande, s'il convient que je supporte au profit de l'étranger, le pacte qui doit ruiner mon propre fils. Je sais que le roi jalouse son frère de Pologne, qu'il m'accuse d'aimer celui-là plus que je ne le devrais dans l'intérêt de celui-ci. Eh bien! j'espère le convaincre, au moyen de la franchise, de la sincérité, de sa méfiance et de son injustice. »

Ronsart, quoique homme de cour possédait une part trop ample de la niaiserie du génie pour oser douter de la véracité de la reine; il jeta sur Catherine de Médicis un regard mélangé d'amour et de respect, et ne commandant plus à son enthousiasme, il osa saisir une des mains de l'habile Italienne, et y appliqua un baiser de vénération.

« — Ah! madame, s'écria-t-il, quelle heureuse fortune pour moi! aurai-je donc l'honneur de ramener le bonheur, la paix dans l'Olympe divin, en servant à l'heureux rapatriage de l'auguste Cybèle et de son fils Jupiter.

« — C'est le privilège du génie, répliqua Médicis, que de se mêler à la cour céleste, que d'en apaiser les glorieux habitans; mais, hâtez-vous, le temps me presse de voir mon fils, sans défiance, s'endormir sur mon sein... hélas! qui devrait-il mieux aimer que sa mère?.. Ah! j'oubliais, poursuivit Catherine, une dernière instruction, conseillez à mon fils d'étendre sur Robert Touchet et sur sa sœur un pardon général; il boude, je le sais, cette jeune fille, vous en êtes instruit, aussi bien, faites qu'il se mette à l'aimer beaucoup..... Ce feu, alors, passera vite; jamais amant n'a songé sérieusement à se brouiller avec sa maîtresse, à l'heure où ils se querellaient le plus, on aime trop alors, tandis que le dégoût marche à la suite de la satiété et du bonheur calme et pur trop prolongé. »

Ronsart regarda la reine avec tant d'étonnement qu'elle se mit à rire.

« — Maître, dit-elle, comme mère, je suis jalouse des affections de mes enfans, leurs maîtresses me déplaisent et m'offusquent non moins que si je les aimais d'amour.... Oh! vous autres hommes, n'entendez rien à ces délicatesses du cœur; votre rudesse, votre prétendue franchise sont des voiles sous lesquels se cache l'égoïsme, que nous autres ennoblissons en le purifiant de tout intérêt charnel. »

Ce galimathias sentimental surprit le poète qui garda le silence; un double rôle dans la mission qu'il allait remplir lui plaisait, celui de réunir le fils et la mère, et de ramener l'amante à l'amant; or, impatient de le remplir, il prit congé de cette fallacieuse princesse.

XXVIII.

Un nouvel Incident.

A la Cour, à force de vouloir servir les princes, il est rare qu'on ne finisse point par les desservir.

J'ai dit que par la disposition du logement, la demeure provisoire de Marie Touchet, au château de Vincennes, était l'appartement du capitaine des gardes, occupé par le sire de

Lespare, et situé au-dessus positivement de celui du roi. Celui-ci avait peu tardé à savoir que sa belle amie se trouvait aussi près de lui; certes, s'il n'eût qu'écouté les entraînemens de son cœur...! mais il voulait en ce jour solennel montrer en tout qu'il savait être prince, et il s'était efforcé de reculer un instant si doux à son cœur.

Cependant les heures s'écoulaient avec rapidité, Charles comptait avec joie le bruit des pas qu'il entendait sur sa tête, souvent ajoutant à l'illusion, il lui semblait distinguer la course leste et légère de la belle Marie..... A mesure que le temps cheminait, l'amour en lui prenant de la force augmentait d'inquiétude, et lui reprochait la sévérité de sa détermination... Il luttait encore... car il entendait toujours aller et venir.... mais on ne se remua plus... il écouta en vain.... on avait quitté la chambre... pour aller où..? Cette question qu'il s'adressa fut résolue par la jalousie... Son cœur effrayé, bondit dans sa poitrine.... et lui, ne pouvant le vaincre plus long-temps, ouvrit avec précipitation la porte secrète de l'escalier par où s'établissait la communication intime et journalière, entre la chambre du roi et celle du capitaine des gardes. La distance fut tôt franchie; Charles, avant d'entrer regarda par une ouverture faite à dessein, et il s'émerveilla de l'abandon fait de cet appartement et qu'il ne s'expliquait pas.

Sur ces entrefaites, le jeune Clair, lassé de faire sentinelle dans l'antichambre de la reine-mère, et dédaignant l'excellente bouteille de vin de Schio, que Laura lui faisait porter, s'en était revenu à la demeure du sire de Lespare, prêt à recourir vers Marie, si elle le réclamait; ce fut donc lui que le roi aperçut seul, lui, qui à la vue de sa majesté, il reconnaissait son souverain.

Des questions rapides, en brisant son cœur, car elles lui montraient la vivacité de l'amour du roi pour Marie, lui procurèrent l'occasion de répondre avec une justesse, un aplomb qui charmèrent Charles, aussi, celui-ci ne put s'empêcher de s'écrier :

« — Par la mort Dieu ! tous ces fichus Gascons sont aussi fidèles que braves ; mais, mon héros, où est la jeune fille que Lespare ou toi ne deviez pas quitter?

« —Madame la reine Catherine est maintenant à la consoler, sire, et à lui promettre que son frère ne mourra pas.

« — Marie sait-elle qui je suis? demanda le roi avec anxiéte.

« — Elle l'ignore encore.

« — Eh bien ! qu'on tâche le plus possible de la maintenir dans cette erreur ; mon bonheur finira le jour où elle connaîtra mon nom.... Toi, que veux-tu ?

« — Servir le roi de Navarre.

« — Est-il ton souverain ?

« — Oui, sire.

« — Tu l'aimes ?

« — C'est mon prince.

« — Cela suffit-il ? tous les sujets aiment-ils leur roi ?

« — Oui, quand à leur tour les rois les aiment et le leur prouvent surtout.

« — J'adore la France.... Tu en doutes ?

« — Moi, sire?

« — Oui, toi ! Qui osera me soutenir que ma cause n'est pas la sienne ? qui nous sépare? Mon peuple, c'est moi ! il est mon fils, je suis son père.... A quoi penses-tu ?... à la Saint-Barthélemy, sans doute? J'ai assassiné mon peuple, je le sais, dans cette nuit de sang ! mais était-ce moi ? n'étais-je pas la dupe d'une intrigue odieuse ? On a rempli mon âme de trouble, d'inquiétude, de méfiance ! On m'a montré les protestans armés contre moi, cabalant de la même manière, préparant un égal attentat : j'ai pris les devans, je me suis défendu, j'ai sauvé mes jours, conservé ma couronne. Ce coup d'état fut juste, fut sage, fut humain.... Ah ! détestable déception! s'écria plus haut encore le malheureux qui commençait à retomber dans sa noire humeur, mensonge infâme! propos indigne d'un gentilhomme! qui tromperai-je? qui convaincrai-je que je dis vrai? Ce fut un crime, une abomination, un parricide ; on m'en flétrira dans l'avenir, et on inventera, pour l'exprimer, une épithète affreuse : Charles le *peuplicide*, dira-t-on.... Exécrables conseillers ! infâmes flatteurs ! vous m'avez enfoncé dans la boue et noyé dans le sang! Le père est en horreur aux fils qui le fuient, qui le détestent! subissons mon sort! Que le trépas me délivre de cette odieuse existence!

« — Ah! sire!.. sire!... s'écria Clair en se prosternant aux genoux du roi tandis qu'il les baignait de ses larmes, que votre majesté s'élève dans son noble repentir! pourquoi la France entière ne peut-elle vous entendre! Oh! comme en vous rendant justice on vous séparerait des misérables qui vous ont perdu! »

Le roi, touché de ces paroles, regarda le beau jeune homme qui les employait.

« — Mon ami, dit-il, passe à mon service. Je te demanderai à mon royal frère. »

Ici Charles IX fut interrompu par la venue de Laura qui ramenait Marie. L'un et l'autre ne s'attendaient point à voir le roi, et la camériste, en femme habile, se recula tout aussitôt. Clair, bien que fâché d'une circonstance qui lui déplaisait de toutes manières, sortit également. Les amans restèrent seuls, embarrassés, et au fond satisfaits de se retrouver. Marie, à la vue de celui qu'elle investissait de son amour et le connaissant pour l'ennemi perfide de son frère, hésitait à lui parler. D'abord lui, d'autant plus épris, que plusieurs jours l'avaient éloigné d'elle et qu'elle lui apparaissait en état de merveilleuse beauté, comprenant d'ailleurs ce qu'elle devait ressentir contre lui, ne put s'empêcher de s'avancer vers elle, de lui tendre la main. Marie, joyeuse et troublée, se retourna cependant.

« — Je ne suis donc plus aimé, dit le roi, et votre cœur m'est donc fermé?

« — Pourquoi l'avez-vous ouvert à la déception? pourquoi feindre de répondre au désir de mon frère pour le trahir aussitôt?

« — Devais-je laisser immoler le roi?

« — Il fallait refuser.

« — Il n'était plus temps, les premières paroles m'avaient tout appris, et j'ai sauvé le roi. »

« — En immolant mon frère, en me dévouant à d'amères larmes, en perdant de votre pureté à mes yeux.

« — Robert ne mourra point.

« — Qui l'affirme?

« — Le roi m'en a donné sa parole, toute rigueur dirigée contre lui ne sera qu'apparente, il est sous ma sauvegarde, ne craignez rien.

« — Et vous nous avez trahis ?

« — J'ai fait ce que je devais faire, ce que vous-même, à ma place, auriez fait ; ma position est particulière, je vous l'assure ; pardonnez-moi, car enfin je ne pouvais me.... laisser périr le roi.

« — Toujours le roi ! s'écria Marie, et jamais vous ou nous ! il vous est donc plus cher que vous-même et que moi, lui, assassin de mon père ; lui, si taché du sang de ses sujets?

« — Ah! vous revenez encore sur ce chapitre odieux? répliqua Charles en frappant des pieds le plancher ; des rebelles régicides osent encore se plaindre du supplice qu'ils ont mérité ; votre père voulait ma... la mort du roi, votre frère la complottait, il a mérité mille fois un châtiment rigoureux, et quand le souverain lui pardonne, on ne craint pas encore de l'outrager ? »

Le son de voix, la majesté du geste, la véhémence des paroles remplirent la jeune fille de terreur et de confusion. Une vague lumière luisit en elle. Cet amant, qui était-il lui-même pour prendre avec tant de véhémence la défense du roi ? Marie se le demandait, lorsqu'un incident nouveau jeta ces deux personnages dans une situation plus intriguée. La porte mystérieuse qui conduisait chez le roi fut ouverte, et le sire de Lespare se montra ; il paraissait troublé ; la vue de Marie et de son amant le surprit ; néanmoins il ne perdit pas l'aplomb que procure le long usage de la cour, et s'adressant à Charles :

« — Le sire de Laon, dit-il, voudra-t-il me permettre de le distraire un instant? il convient que sans retard je l'instruise de ce qui se passe.

« — Qu'est-ce? répondit le roi impatienté, je ne suis pas ici en fonctions.

« — Le cas presse, répliqua le baron avec instance. »

Le roi s'éloigna de Marie, qui trop faible pour demeurer debout alla s'asseoir à l'autre bout de la chambre. Lespare suivit Charles IX dans l'embrasure d'une grande croisée qui servait de cabinet de travail, et là parvenus et sur l'invitation de sa majesté de dire ce qu'il savait :

« — Hélas! dit-il, un grand malheur arrive. Le prévôt de l'hôtel n'ayant reçu aucune instruction particulière concernant son prisonnier, Robert Touchet, a cru devoir agir en conséquence des précédens, et a de son autorité privée fait mettre à la torture le pauvre diable. »

Un juron de ceux que Charles savait si bien lancer, un coup de poing frappé sur une table de manière à la faire sauter par trois fois, servirent de première décharge à sa colère.

« — Mais, s'écria-t-il, ce damné de prévôt est-il fou, enragé, imbécille ? je ne sais ce qui m'empêche de lui faire jouer le même rôle... du moins, l'avez-vous arrêté dans sa belle expédition, ou bien, comme un sot qu'il est, la poursuit-il encore ?

« — J'ai pris sur moi, sire, de devancer les ordres du roi ; certain de n'être pas désavoué, j'ai retiré du siège de misère ce pauvre diable tout meurtri et déraisonnant, car assuré de son pardon, ceci lui semble une punition déloyale.

« — Sa plainte est juste... voilà comme nous sommes servis; on outre-passe nos rigueurs ; on ajoute à nos commandemens sévères: vous êtes le seul là, Lespare, qui vous seriez exposé *à ma colère en suspendant* de votre propre mouvement le supplice de ce méchant drôle.... Qu'on le soigne, envoyez-lui Ambroise Paré ; mais que vais-je dire à sa sœur qui le réclamera sans doute ?

« — Lothaire de Laon peut se sauver dans la mauvaise humeur du roi; pendant ce temps, Robert guérira, et comblé de ses bienfaits, peut-être deviendra-t-il plus traitable.

« — Soit, repartit Charles, cependant je n'ose pas entendre la douce voix de Marie réclamer son frère; je vais la quitter un instant, je reviendrai lorsque j'aurai réussi à m'armer envers elle de cette dissimulation qui m'est si facile envers les hommes d'état, et qui m'échappe toujours quand il faut que mon cœur l'emploie.

« — Aussi bien, sire, avais-je encore à vous faire savoir que le poète Ronsart est à vous attendre en qualité d'envoyé de la reine-mère auprès de sa majesté. »

Le choix de l'ambassadeur piqua la curiosité de Charles IX, il se retourna vers Marie.

« — Mon amour chéri, dit-il, nous sommes dans un lieu où nul n'est libre de certains devoirs, le roi pas plus que ses serviteurs. Voici que l'on m'appelle, que je suis contraint à descendre dans l'appartement royal, je vous reviendrai dès que, maître de mes heures, je pourrai les passer à vos pieds.

« — Vous allez auprès du roi? demanda Marie.

« — Je le crois.

« — Eh bien! obtenez au moins de ce prince irrité la permission que je partage la captivité de mon frère, que je l'allège par mes soins. Ma requête n'est guère exigeante ; quel faible crédit avez-vous si vous me rapportez un refus ! »

Charles répondit que s'il pouvait parler à Sa Majesté, il lui présenterait cette requête, et aussitôt il partit précipitamment. Son premier soin dès sa rentrée dans sa chambre fut d'ordonner qu'on introduisît Ronsart.

« — Eh poète ! dit-il en le voyant, au rôle de favori des Muses, vas-tu joindre celui d'ambassadeur des Cieux ?

Quittant la lyre d'or pour l'adroit caducée,
Ronsart, sans trève aux cieux, établit son séjour ;
Poète diplomate et cher à cette cour,
Son rithme harmonieux embellit sa pensée ;
Et séducteur adroit il charme tour à tour,
Les belles par ses chants, les rois par ses discours ;
Et sa gloire est partout en si haut rang placée,
Qu'il négocie ou chante, il charmera toujours.

« — Quoi ! sire ! s'écria Ronsart, est-ce un impromptu dont votre bonté m'honore ? la pléïade française, après un long travail, ne produirait pas un madrigal aussi poétique.

L'Olympe est ce séjour si brillant à mes yeux,
Où le roi parle seul le langage des dieux.

« — Ah! mon maître, vous me rendrez toujours la monnaie de ma pièce, et votre réplique vaut mon attaque.

« — Non, sire, la distance entre elle est égale à celle qui sépare le roi de Ronsart, vous êtes le meilleur poète de l'époque.

« — Cela ne veut-il pas dire celui qui sait flatter le mieux? »

L'épigramme renfermée dans ce propos termina le colloque laudatif. Ronsart se rappela de la mission qui lui avait été confiée, et sur-le-champ entra en matière.

Malgré la défiance légitime que Charles portait à tout ce qui venait de sa mère, la proposition qu'elle lui faisait se montrait si franche, si complète, il en retirerait de si grands avantages, qu'elle lui plut beaucoup, et allant à la table qui lui servait à écrire, il traça un billet tendre et de pleine réconciliation, adressée à Médicis; il y acceptait sa proposition, l'en remerciait et la conjurait en même temps de rendre complet un aveu qui n'aurait de prix que s'il ne renfermait aucune réticence.

« — Ministre plénipotentiaire, dit-il, courez vers l'auguste dame qui vous avoue, dites-lui que dès ce moment la paix est franchement rétablie entre nous, que ce soir je l'attends avec ses confidences, et la potion bienfaisante qui animera ma vie épuisée. Quant à la récompense qui vous est due, à la première promotion de l'ordre, vous recevrez le collier de Saint-Michel. »

Ronsart, émerveillé d'une telle faveur, remercia le roi, qui lui donna en outre un riche drageoir émaillé d'or; puis il retourna chez Catherine, et là aussi il fut gratifié d'une bague ornée d'un magnifique diamant. La reine vanta son habileté, l'encensa en sa qualité de poète et le congédia; on n'avait plus besoin de lui. Dès qu'il fut parti, Catherine alla vers une énorme armoire d'ébène, la heurta d'un doigt sans même trop presser, et aussitôt, par un mouvement rapide et demi-circulaire, le meuble tourna sur lui-même et laissa voir une porte qui donnait sur un corridor noir; elle s'y engagea intrépidement après avoir ramené sur elle et l'armoire et la porte, marcha quelques secondes, et parvenue à une autre issue, heurta légèrement, on ouvrit; c'était le cabinet particulier de Birague. Elle y trouva ce magistrat disgrâcié occupé d'un travail pénible, le triage des pièces qu'il avait à remettre à son successeur.

Birague n'était pas seul; MM. de Montmorency, de Guise, de Tavannes et deux ou trois autres principaux chefs de la conjuration échouée se trouvaient avec lui. Leur vue étonna la survenante, sa surprise l'indiqua, non moins que ses paroles.

« — Eh! merci Dieu! chancelier, je ne m'attendais pas à vous rencontrer en si nombreuse compagnie. Les disgrâciés ne perdent donc plus leurs amis dans le pays? je m'en félicite, les miens ne m'abandonneront pas.

« — L'union fait la force, repartit le rusé Milanais qui, deux cents ans en avant, proclamait la fameuse maxime révolutionnaire.

La reine, un peu blessée qu'on ne l'eût point avertie, répondit :

« — Oui, sans doute, mais seulement lorsque le faisceau est complet, une seule portion des baguettes, liées ensemble, ne présente pas la résistance que la réunion de toutes offrirait; au reste, c'est un thême que je laisse à votre méditation. J'étais venue pour vous apprendre que, lasse de me quereller avec mon fils chéri, j'ai résolu d'entrer dans ses bonnes grâces, et pour cela, messieurs, je lui adresse ma confession générale.

« — La reine s'amuse, dit avec inquiétude le duc de Guise.

« — Prince, laissez parler sa majesté, répliqua Birague.

« — Non, messieurs, je suis sérieuse. Il m'en coûte de voir mon fils me craindre, me soupçonner. J'eus des torts envers lui, ma sincérité les réparera; il saura mes brigues, mes complots, mes intrigues, tout enfin.

« — Tout, madame? dit Birague.

« — Tout! jusques à la dernière syllabe. »

Une joie maligne brilla dans les yeux de l'ex-chancelier, tandis que les autres conjurés ressentaient une inquiétude poignante.

« —Ainsi la reine, après nous avoir exposés, nous abandonne? dit l'un d'entr'eux.

« — L'avez-vous servie? repartit fièrement

Médicis; quels combats avez-vous livrés pour elle? quels périls avez-vous courus? Faites-les-moi connaître. Liés réciproquement par un même nœud, attendant chacun plus ou moins d'avantages d'un succès commun, ce n'est pas la reine que vous serviez, mais bien votre intérêt; ne venez donc pas aujourd'hui vous targuer que vous vous armiez pour ma cause... La nôtre, soit, je m'en retire; faites-en autant, rendez-moi de mauvais offices, le succès sera au plus heureux.

« — Et quel jour la reine entreprend-elle ce grand ouvrage? dit Birague.

« — Ce soir, à l'heure où le roi vient de me permettre de lui porter encore son médicament du soir... Messieurs, la nuit vous reste; profitez-en. Adieu, chancelier, vous attendrez tantôt dans ma chambre que je rentre de celle du roi. »

Catherine salua la foule consternée, traversa

l'issue cachée et disparut. A peine fut-elle partie, qu'un concert de colère, d'injures s'éleva contre elle, sa défection parut infâme; on lui reprocha tous les crimes. Birague seul se taisait; son silence fut remarqué, et le duc de Guise s'adressant à lui :

« — Eh bien! monsieur, dit-il, sa majesté donne un bel exemple! le prendrez-vous pour modèle?

« — Monsieur de Lorraine, répondit Birague avec autant de hauteur, croyez-moi, ne condamnez pas précipitamment la reine, ou plutôt, que celui-là, qui est sans péché, lui jette la première pierre. »

Cette application sacrilège des paroles de N. S. J.-C. étonna la foule réunie, on y chercha un sens caché, et Guise, lui-même, revenant sur son propos :

« — Du moins, si sa majesté nous sert, il serait convenable qu'elle nous en avertît, et si par nos mesures, nous nuisons à ses actes.

« — On les contrariera davantage en les interprétant. Qui peut penser sérieusement que Médicis, en quelques heures, change si rapidement? ne vaut-il pas mieux croire qu'elle joue à calmer les alarmes de l'ennemi, à lui ôter son inquiétude, afin de pouvoir agir à propos?

« — Mais, dit Tavannes, si ce soir elle nous dénonce, demain au plus tard on nous arrêtera.

« — Oui, demain on pourra le faire, repartit Birague, mais toutes les heures de la nuit lui resteront, et demain peut-être elle aura fourni une telle course, que ses ennemis ne seront plus en mesure de la ressaisir.

XXIX.

Un Soldat mis à la Question.

Parfois le châtiment arrive au vice du côté où certes il ne l'attendait pas.

Marie était demeurée seule, contente d'avoir rencontré son amant, et de la sorte de justification qu'elle avait entendue ; il lui tardait qu'il fût de retour, car elle espérait de lui la pleine délivrance de son frère ; la vie nonchalante qu'elle menait depuis son entrée au château de Vincennes lui paraissait étrange et lui pesait ; accoutumée à une existence active, à un travail permanent, elle souffrait de son incurie actuelle, et plutôt que de demeurer plus long-temps sans rien faire, elle s'empara de la guitare abandonnée du sire de Lespare, et ayant aperçu un chant nouveau qu'elle n'avait pas déchiffré encore, elle essaya de l'apprendre, et après quelques tentatives, elle put chanter les couplets suivans :

LE RETOUR DU CROISÉ.

ROMANCE.

Je vais revoir ces lieux charmans,
Ces lieux, berceau de mon enfance ;
Loin d'eux, je compte les momens,
Et mon cœur tressaille d'avance.
Sur un coteau droit vers les cieux
Montent les tourelles gothiques,
Où régnèrent mes aïeux,
Aux temps des âges héroïques.

La salle courbée en arceaux
Renferme les nobles statues,
Et des barons et des héros,
De leurs armures revêtues;
Là, dans les jours hospitaliers,
Après le fracas des conquêtes,
Venaient s'asseoir les chevaliers,
Et les châtelaines coquettes.

Dans le jardin, un vieil ormeau,
Jadis, me prêta son ombrage:
Quand au sortir de mon berceau,
De mes pas j'essayai l'usage;
Près de lui, souvent dans ses bras
Me pressa ma mère endormie,
Et quand parti pour les combats
Y reçus l'adieu de ma mie.

Bientôt, bientôt te reverrai,
Loïse, ô ma douce maîtresse;
Avant la nuit t'embrasserai;
Instant heureux, charmante ivresse;
Sonnez, clairons harmonieux,
Déployez vos blanches bannières;
Soldats, trouverez en ces lieux,
Vos nobles dames et vos mères.

D'où venez-vous? nous dira-t-on.
— D'Antioche et de Césarée.
Nous avons délivré Sion
Du joug d'une race abhorrée.
L'Arabe est tombé sous les coups
Des Français toujours redoutables,
Et nous revenons près de vous,
Guerriers pieux, amans aimables.

Le ménestrel, pour nous chanter,
Saisit la harpe du Génie ;
Son digne cœur aime à vanter
Les Paladins d'Occitanie.
Heureux, trois fois heureux le jour,
Qui vers une terre chérie,
Nous ramène, objet de l'amour,
Des dames et de la patrie.

Marie venait d'achever ce chant, elle allait passer à un second, lorsque l'on ouvrit violemment la porte de la chambre, et le jeune Porcher parut. Sa figure était contractée, et toute sa personne exprimait le trouble et l'horreur ; Marie, qui certes, ne l'attendait pas, surprise de le voir, posa sa guitare, se leva, et tous ses traits demandèrent au nouveau venu qu'il expliquât cette venue si singulière, mais lui, haletant et tremblant, se taisait; enfin, néanmoins, comprenant qu'il devait parler :

« — Oh ! Marie, dit-il, êtes-vous préparée à recevoir une bien mauvaise nouvelle ?

« — Dieu, du moins je l'espère, me donnera la force de la supporter, mais quelle est-elle ?

« — Votre frère..... oh ! mon Dieu !.... n'est-ce pas, que le soldat Robert arrêté naguère à Vincennes est votre frère ?

« — On ne vous a pas trompé en ceci; il est tombé dans la disgrâce du roi, j'espère pourtant.....

« —Quoi ? l'arracher à la mort ou suspendre son supplice?

« — Que dites-vous ?

« — Hélas ! tout-à-l'heure encore il subissait une horrible torture!

« — Lui? mon frère? ô Dieu ! et Lothaire l'a souffert! et il me trompait! oh! l'infâme!.. où est mon frère? qui m'empêchera de le voir? ah! Nino, je vous en conjure, conduisez-moi près de lui!

« — Venez! venez! dit le jeune homme, et

en ceci encore reconnaissez la bonté de la reine-mère, c'est elle qui m'envoie vous prévenir d'un pareil malheur. »

Marie, sans plus tarder, ne se ressouvenant plus qu'on lui avait défendu de sortir de cet appartement sans un de ses protecteurs, courut sur les pas de l'émissaire de Catherine, éperdue, haletante, toute à son frère, et confondant son amant et le roi dans les mêmes imprécations.

Le prévôt de l'hôtel, averti à temps de sa faute, avait remis son prisonnier au sire de Lespare, et celui-ci le voyant hors d'état de se remuer, en conséquence des tortures, s'était empressé à son tour, de le faire transporter à l'infirmerie du château. Le saint ordre des sœurs de la charité, cette fondation sublime du père des pauvres et des souffreteux, Vincent de Paule, n'existait pas encore; les hôpitaux avaient d'autres religieux et des femmes pieuses, qui se dévouaient à ce travail pénible ; les infirmeries, dans les maisons royales, relevaient du grand-aumônier qui en nommait les serviteurs et les divers fonctionnaires.

Robert, que l'on y transporta brisé, y fut d'autant mieux accueilli, qu'on le savait victime de la cause de la reine-mère, et malgré la disgrâce apparente de cette princesse, nul ne doutait qu'elle ne reprît avant peu sa place naturelle et sa prépondérance ; on se hâta donc de lui prodiguer des soins affectueux : on se mit tout de suite à la recherche du célèbre Ambroise Paré, et voyant l'officier favori du roi et le commandant de ses gardes le recommander lui-même, chacun comprit que le torturé reviendrait de bien loin.

Ambroise Paré le saigna, le couvrit de compresses imbibées de vulnéraire, d'alcool, lui fit avaler des restaurans, étudia sa situation et tarda peu à comprendre que ce malheureux avait plus de besoin de calmer la véhémence de ses passions, que des secours directs de la médecine et de la chirurgie; il l'exhorta donc à la patience, à se taire surtout.

« — Prenez-garde, lui dit-il, la bataille n'est pas livrée à armes égales; si le bon droit est pour vous, chose que j'ignore, dont je doute même, il est certain que la force appartient à celui contre qui vous vous obstinez à combattre; mon garçon, un auteur ancien, et ceux-là point ne sont des plus ignares, a rimé je ne sais où, la fable de la lutte absurde du pot de fer contre le pot de terre, tous deux de forme pareille, servant aux mêmes usages; le plus fragile fut brisé net, à vous l'application. »

Le grand Paré se retira croyant avoir imprimé à Robert une prudence salutaire; mais ce beau génie oubliait que là où la passion s'agite, la sagesse est sourde, aveugle et muette. Le soldat se tut devant lui par l'entraînement d'une reconnaissance motivée; mais à peine se fut-il vu seul que la file de ses imprécations contre le roi recommença. Ses serviteurs politiques s'éloignaient de ce lit mal séant, dont au contraire se rapprochèrent, par des motifs divers, les sectateurs secrets de Calvin, et les catholiques fanatisés qui prétendaient le roi en flagrant délit d'impiété, parce qu'il ne renouvelait pas la boucherie criminelle et détestable à Dieu, de la Saint-Barthélemy.

Sous la conduite de Nino Porcher qui se targuait, en ce lieu, de l'humble place qu'il occupait dans la hiérarchie des officiers du château, Marie pénétra dans l'infirmerie. Une salle commune contenait à cette époque les dix ou douze commençaux qui trouvaient meilleur compte de se faire traiter de leurs grièves maladies. L'habileté du chirurgien-médecin, Ambroise Paré, donnait de l'importance à cet établissement charitable.

Robert, comme environné de plus de protection et d'intérêt, avait pris gîte dans une seconde chambre garnie de six lits, et où il se trouvait seul, et placé dans la couche la meilleure et la plus écartée de la porte; le hasard avait mis une interruption momentanée au débordement de sa bile furibonde, lorsque sa sœur parut devant lui. Dès qu'elle le vit, elle courut l'embrasser en versant des larmes, et Nino Porcher dut la retenir pour qu'elle ne glissât pas sur le plancher.

Le soldat, aussitôt qu'il eut reconnu sa sœur, se tourna vers elle avec un visage contracté, où la colère disputait la préséance à la douleur; et sortant des draps qui le recouvraient, ses bras musculeux et sa large poitrine alors chargés d'attelles et de compresses, quoiqu'il n'y eût rien de cassé ou de rompu :

« —Eh bien ! ma mignonne, dit-il, accompagnant ces mots d'un éclat de rire sardonique, ne trouves-tu pas que ma famille contracte de longue main de hautes obligations envers le roi de France ? examine comment ses satellites m'ont accommodé, quoique pourtant on m'eût transmis de sa part une promesse solennelle qu'on ne ferait pas tomber un cheveu de ma tête ; ainsi parlait-on pour endormir mes amis, pour m'en laisser oublier, et puis..... je n'ai qu'une vie, qu'une âme, aussi c'est bien peu, tant je prendrais plaisir à les damner par douzaines, et cela dans le but unique de me venger du roi.

« — Calme ta fougue, cher frère, repartit Marie toujours pleurant.

« — Oh ! maître Touchet, au nom de Dieu, dit l'ex-apprenti perruquier, songez-vous au péril qui s'attache à une parole imprudente?

« — Je pense aux tortures que j'ai endurées. Le roi, ma sœur, ton exécrable amant, sont le composé du plus abominable parjure ; ils ont voulu mes souffrances, car l'un et l'autre.... »

Robert s'arrêta ; le reste de la phrase expira sur ses lèvres à l'aspect mystérieux d'une femme voilée qui, tenant en sa main un objet dont lui appréciait l'importance, le lui présentait, tandis que de l'autre, en portant un doigt contre ses lèvres, elle commandait impérieusement la discrétion. Robert ne douta point que ce ne fût un message de la reine-mère, et calculant que l'ignorance de Marie était peut-être un des moyens de la conjuration, car lui ne pouvait plus douter de l'identité du monarque et de l'amant, il suspendit un propos dont les développements eussent par trop éclairé sa sœur.

Celle-ci, ne comprenant pas ce qu'il venait

de débiter, ne vit dans cette conclusion qu'une incohérence découlant de la colère et de la douleur, et par de douces caresses, essaya d'apaiser la fureur impétueuse du soldat.

« — Non, non, s'écria ce dernier avec cet excès d'emportement que provoque toujours la résistance, n'attends pas de moi de basse lâcheté; ils veulent ma haine, je la leur voue terrible, infinissable entre nous; désormais c'est une lutte à mort. Et toi, pauvre enfant, avilie, trompée, corrompue, te compromettre, perdre ta réputation, ce sont là jeux de prince... et de favoris, ajouta-t-il à la vue du second signe de la femme voilée. Les assassins de ton père, les bourreaux de ton frère dormiront dans tes bras et jouiront à la fois de mon sang et de tes larmes.

« — Robert, mon cher Robert, répliqua la jeune fille, ton aigreur t'égare; nul ne sait quel rôle Lothaire de Laon jouait à la Saint-Barthélemy, et certes, je ne peux croire qu'il soit dans ce jour au nombre des tortionnaires.

« — Oh! nouvelle venue à la cour! tu ne sais pas la solidarité de crimes qu'on y pratique! quiconque met là le pied avec l'intention de s'y faire un établissement, tarde peu à se pervertir, à se corrompre; la débauche, l'avarice, l'avidité, l'ambition s'infiltrent dans son âme, on pare là le crime, on y dore même le couteau de l'assassin; puis, qui veut la fin, dit-on, veut ses moyens. Ce sophisme égare, séduit, trompe, entraîne..... Ton amant, je te le certifie, est autant coupable que peut l'être le roi. »

Marie allait répondre, lorsque la dame voilée s'approcha, c'était en effet la femme de confiance de la reine; elle rejeta sur son front les coiffes qui recouvraient si soigneusement son visage, et se met à dire:

« — Pour cette fois, brave Robert, vous accusez à tort le roi de votre fâcheuse affaire ; il est désolé de ce qui vous arrive, il aurait voulu que ses intentions eussent été mieux remplies, croyez-m'en, car enfin, quel mal vous voudrait-il? à moins qu'une raison directe...

« — Elle existe, Laura, reprit Robert en soupirant, le roi a un motif pour souhaiter ma perte.

« — Dans ce cas, je vous plains, dit la rusée Italienne, car les ressources ne lui manquent pas pour envoyer dans l'autre monde quiconque lui déplaît en celui-ci.

« — Ah ! de par Dieu, le moucheron vainquit le lion, roi de la forêt.

« — Je doute qu'à l'avance le faible insecte annonçat son plan de campagne; il ne réussit que parce qu'il sut souffrir et se taire à propos ; imitez son exemple, chaque muraille à, par multitude, des oreilles et des yeux. »

Robert, que sa rage conseillait aussi, et qui d'ailleurs avait hurlé sa haine au point de ne pouvoir achever, ne répondit pas ; son silence farouche ne le montrait pas corrigé. L'Italienne profita d'un instant d'inattention de Marie pour se pencher vers le soldat et lui recommander de taire à sa sœur l'identité du roi avec de Laon ignorée encore d'elle seule ; la reine s'imaginait pouvoir s'en servir si d'autres ressources lui manquaient.

Sur ces entrefaites parut le baron de Lespare ; aussitôt Laura se rejetant en arrière, partit, emmenant avec elle Nino Porcher, comme si la présence de ce jeune seigneur lui était antipathique ; lui, s'approchant de l'alité :

« — Prends courage, Robert, lui dit-il, je t'apporte de bonnes nouvelles. Le roi, je le savais bien, était étranger à ta fâcheuse aventure. Guéris vite, il te dédommagera, tu auras une somme d'argent assez forte pour vivre en bon bourgeois de Paris, et en outre, si la guerre te plais, tu entreras dans ma compagnie avec un grade; en attendant, reçois cette bourse en premier lénitif royal. »

A la vue de la lueur que lançaient les carolus d'or à travers les mailles peu serrées du tissu de soie, et à l'ampleur surtout de la bourse, les yeux du soldat s'animèrent, il se mordit les lèvres comme pour imposer silence à ce qui désormais ne devrait plus sortir de son cœur, et changeant avec une telle rapidité la décoration de son visage, que sa sœur s'en épouvanta :

« — Par sambleu ! mon capitaine, si le diable nous réparait ainsi des coups qu'il porte dans sa malice, certes on jurerait un peu moins après lui. Le roi est donc un joli garçon, car il s'exécute honorablement. Ainsi, vrai, ce n'est pas avec lui que j'aurai à vider le compte de ma torture.

« — Ni avec nul autre, mauvaise tête, c'est l'effet d'un malentendu.

« — Pour vous, oui, qui cheminez ingambe, qui gesticulez à votre aise sans ressentir d'atroces douleurs ; mais pour moi, qui suis encore sous l'étreinte de la souffrance, moi dont les os sont brisés, permettez que je trouve là un acte réel, et que j'en punisse l'auteur.

« — On t'en empêchera, ou tu perdras tous les avantages qu'on te propose. Te crois-tu d'ailleurs innocent, traître? n'as-tu pas été surpris en délit flagrant de conspiration? On te fait grâce, on te comble, et tu te crois en droit d'exiger plus! Au reste, je te surveillerai, et nous verrons si je ne dompterai pas ce fougueux caractère ; ton père était un saint parmi nous, son mérite lui vint ouvrir le ciel.

« — Eh bien! que ma sœur reste sur la terre, moi allant aux enfers, notre famille aura place partout. »

Ce blasphème inconvenant déplut au sire de Lespare, religieux dans son erreur; il gourmanda de nouveau l'impie torturé, lui recommanda sur nouveaux frais la prudence, et sortit enfin, emmenant la jeune fille qui promit à son frère d'être la première à le revoir le lendemain.

XXX.

Conférence curieuse.

Au-dessus du crime repentant, il y a le crime actif qui veille.

La nuit était avancée, le roi de France debout, se promenait dans sa chambre en parlant avec chaleur; trois individus se tenaient à distance; l'un, plus rapproché que les autres de sa majesté, était le chancelier Lhospital; le second, Ambroise Paré, le premier médecin du siècle; et le dernier, l'astrologue Bernard d'Abatia.

« — Chancelier, disait le roi, je veux en finir avec la guerre civile, avec les agitations intérieures, avec les querelles de religion. La France est une terre libre, elle ne peut souffrir des esclaves, il lui faut des enfans indépendans de tous fers; plaignons les huguenots, tâchons de les convertir par l'exemple; mais convient-il de les tuer pour les convaincre? Vous ferez expédier à tous mes parlemens mon ordonnance tolérante; vous menacerez de mon indignation les fanatiques assez coupables pour croire que Dieu aime les holocaustes de sang humain. Veillez aussi sur les traitans, ces sangsues de mon peuple, qui laissent mon trésor vide en remplissant le leur; vous les soumettrez à une inquisition sévère, à une cour ardente que vous présiderez, afin que nul ne conteste son indépendante intégrité; les sommes qui rentreront serviront à diminuer les impositions de l'année prochaine..... Quant aux derniers conspirateurs, continua Charles IX en baissant la voix, je leur pardonne tout; je révoque les mesures de rigueur qu'ils ont provoquées par leurs complots; cependant, il y en a deux que je ne peux revoir avec plaisir; un, dont je redoute la violence, et un, dont la perfidie me fait craindre pour mon avenir : ce sont le duc de Guise et M. de Birague. Voici des lettres que je leur écris pour leur peindre mon mécontentement, et leur enjoindre, au premier de regagner la Lorraine, au second, de reprendre la route de Milan. Ma mère, séparée de ces hommes, l'un dangereux, l'autre pervers, me rendra sa tendresse. Je suis satisfait de tout ce qu'elle vient de faire. Je ne doute plus de sa sincérité, j'avais besoin de cette dernière démarche. Vous ne savez pas combien un fils souffre lorsqu'il ne peut conserver pour celle qui lui donna le jour, cette affection filiale dont il la voudrait digne.

« —Sire, repartit le grand homme, en levant les bras au ciel, je n'ai plus rien à demander à la Providence divine, puisqu'elle m'a permis de vivre assez pour voir mon roi resserrer les nœuds sacrés qui le lient avec le peuple. Le père est donc rendu aux enfans ! heureuse réconciliation! combien elle m'est précieuse! Oui, sire, que chacun prie à sa fantaisie, le dominateur souverain de toutes choses, laissons-lui à distinguer ceux dont l'hommage lui est préférable : vous, ramenez la paix et la concorde, protégez le commerce, excitez le développement de l'industrie, voilà votre devoir, il est doux à remplir, car les nations le paient par des concerts d'amour et de bénédictions. Plût à Dieu que l'époque arrivât enfin, où la France riche en hommes habiles, renvoyait par-delà les Alpes les baladins, Nécromans et politiques Italiens, où le sol débarrassé de ces plantes étrangères, n'eût pas à recueillir les fruits malfaisans qu'elles portent.

« — Je vous remercie pour ma part, messire chancelier, dit Bernard d'Abatia, du compliment adressé à mes compatriotes et à moi, certes, que vous confondez parmi les fauteurs de la magie.

« —Je ne vous savais pas là, savant astronome et physicien habile, répondit en riant Michel Lhospital, d'ailleurs, êtes-vous de ceux qui vendez le mensonge et les diableries ? certes, maître Paré que voilà, si à la cour de Naples il entendait tenir pareil propos, ne s'aviserait pas de l'accepter comme étant missive à son adresse. »

La réparation, si elle eut peu de succès auprès de l'astrologue, égaya les deux autres interlocuteurs. Le roi reprenant la parole, et cette fois s'adressant à l'Italien :

« — Maître, mon chancelier ne veut en rien vous insulter, il sait au contraire avec quelle vivacité vous m'avez secouru, il vous en rend grâces, mais il a bien raison de ne pas épargner vos compatriotes.

« — Cependant, sire, se permit de repartir Abatia, les Trivulce, les Colonnes, les Sforce, les Gondi, les Ornano, les Salviati, les d'Elbène, les Pignatelli, les Carraciolo, les Carrares, seigneurs de Padoue, cachés dans le Forez et dans le Haut-Languedoc, sous le nom de Varicéry, et tant d'autres, se sont montrés et sont encore les dignes serviteurs de leur nouvelle patrie ; les Bernui à Toulouse, les Robiano dans cette même ville, ont transporté des biens considérables, des trésors précieux d'arts et de magnificences en tous genres, dans le midi de la France. Plaignez-vous de la turbulence de quelques Italiens ; mais ne proscrivez pas en masse un peuple dont le grand roi votre aïeul (François Ier) fit venir Léonard de Vinci, Ben Venuto Cellini, Baccio Bandinelli, qui appelait Raphael, et dont les trésors payèrent nos chefs-d'œuvre.

« — Hélas! répliqua le roi, peut-être que les merveilles du génie de l'homme ont été très chèrement payées par l'introduction de ce système de gouvernement perfide, auquel on donne sans trop de raison le titre de machiavélique. »

Le roi se tut, prit le chancelier par-dessous le bras, l'amena vers la porte de la chambre, lui dit quelques mots à voix basse et le congédia. Dès qu'il n'entendit plus les pas pesans de ce magistrat vénérable, il se rapprocha du docteur français et de l'astronome italien, et s'adressant au premier avec cette familiarité bienveillante à laquelle on attache tant de prix :

« — Eh bien ! mon *tailleur de bourses*, mon perforeur d'entrailles, que penses-tu de ma santé ? en espères-tu prompte guérison ?

« — J'ai toujours dit au roi, répliqua gravement Ambroise Paré, que chez lui l'âme était plus malade que le corps ; le calme de la première rend le second plus vigoureux. Sitôt que l'une souffre, l'autre est languissant. Sire, régnez en père, et vos maux disparaîtront ; la nature vous doua d'un tempérament solide ; vos nerfs, vos muscles, vos veines, sont remplis de vie et de force ; un régime doux, l'absence des excès, un mélange habilement balancé de travail et de délassemens utiles achèveront de vous rendre à la santé.

« — Et le boucon ? dit le roi mélancoliquement.

« —Sire, reprit Ambroise Paré, Hyppocrate lui-même ne connaît aucun remède au coup de foudre qui frappe et tue instantanément.

« — Voilà pourquoi, répondit le roi en désignant du doigt l'astrologue, cet homme me devient nécessaire, non moins que toi ; il se targue de posséder deux secrets inestimables : l'un, un antidote contre tous les poisons quelconques ; l'autre consiste à pouvoir deviner les tentatives d'empoisonnement.

« — S'il était nanti de la première merveille, dit Ambroise Paré d'un ton bourru, nous lui devrions des honneurs avant que de les adresser à Dieu, car il serait plus puissant que la divinité même, elle, qui a divisé le mal et le bien, et qui a renfermé la seule omnipotence dans sa personne. Ce signor se trompe, car je me plais à croire qu'il n'a pas la pensée de tromper le roi. Quant au deuxième arcane, il vaut son pesant d'or, mais comment fonctionne-t-il? est-ce les yeux de l'âme qu'il ouvre? dès lors je me recule, car le fait ressort ou de la sorcellerie, ou du charlatanisme, et dans l'un ou l'autre cas, je me déclare incompétent.

« — C'est aussi, mon père, pour l'entendre s'expliquer devant toi que je l'ai mandé nuitamment, et je me flatte qu'il nous convaincra de ce dont il est persuadé. »

Pendant ce dialogue, on voyait que l'Italien aurait voulu pour une grosse somme ne pas se trouver en opposition avec la sévère expérience de Paré, cependant accusé dans sa redoute dernière, voyant tout Paris le regardant dans la personne du roi, lui, à son tour, ayant salué le monarque, éleva la voix :

« — La nature est bien puissante! qui, l'ayant interrogée dans ses profonds mystères a pu lui dire : Tu ne feras pas un pas plus loin que la ligne où je t'enferme? tu ne concentreras jamais ton énergie dans un seul point? On résume à volonté les sucs d'un bœuf, on retire l'esprit à l'essence quintessenciée de tout corps susceptible de chaleur et d'humidité, et on ne voudra pas que le génie de l'homme exécute plus en grand ce qu'il a permis! Pour le détail, maître Paré, ceci peut bien dépasser le cercle étendu par la nonchalance autour du laboratoire universel.

« — Ce sont des mots, reprit le chirurgien français, et je suis convoqué pour voir des faits; car, si je ne me trompe, le roi m'a mandé pour soumettre à l'analyse l'agent que vous avez composé.

« — Ce n'est pas à ce but que vous devez tendre, répliqua le même interlocuteur, mon intention n'est pas du moins de vous laisser lire à découvert dans le secret dont la solution m'a coûté tant d'années de soins, de travaux et même de vives souffrances. D'ailleurs, un serment solennel me lie ; je peux laisser entrevoir un rayon de la vérité aux yeux d'un adepte de première classe, mais jamais soulever en entier le voile mystérieux.

« — Oui, oui, murmura Paré, nous y voici, l'honneur accourt à l'aide de la menterie; on se blottit sous la muraille sacrée d'un serment, afin d'échapper à l'investigation ardue et sévère de la science. Allons, soit, je n'analyserai pas la *panacée divine*, *le dictame mystérieux* ; mais je serai charmé de voir fonctionner le prodige numéro ; *un* quant au numéro *deux*, je crois que le résultat de son précurseur nous dispensera de recourir à l'autre. »

Tout cela était dit avec cette austérité d'un homme qui a beaucoup à faire que de paraître balancer à repousser avec le mépris le mensonge dont on le berce.

« — Je pose bien la question, dit Paré ;

j'administrerai un poison selon les règles, à un être que je choisirai moi-même ; cela fait, je l'abandonnerai à la science de ce..... confr..... de ce puits d'habileté étrangère.

« — J'accepte, repartit vivement le Milanais. »

Son propos fut si preste que le roi se retourna vers lui en homme incertain. Bernard d'Abatia sortit de sa poche une boîte de cristal de roche remplie d'un sédiment rosâtre qu'il présenta au roi et au chirurgien. Celui-ci l'examina, le regarda avec une attention scrupuleuse, suivie, prolongée, le prit dans ses doigts, parut avoir l'envie de le goûter, mais il s'arrêta et dit :

« — Je ne devine pas, au premier regard, la matière primitive de cette matière inconnue à ma vieille expérience.

« — Ne la cherchez pas sur la terre, dit le charlatan, elle tire son origine d'un rayon de soleil décomposé, fixe, réduit.

« — Oh! je savais bien, qu'où il y a un fils de l'Italie, la grosse plaisanterie est de mise; sire, il est possible que le roi veuille, pour se récréer, entendre ces balivernes, je les dédaigne et les méprise.

« — Soit, vous, l'homme fort, faites comme l'ignorant orgueilleux, doutez de cela; soit, qu'à la première vue, la solution vous échappe..... à la preuve, où est votre poison?

« — Mon habitude, répondit Paré, est de ne pas sortir de mon laboratoire, sans emporter sur moi les instrumens qui soulagent instantanément l'humanité souffrante; je croirais me déshonorer, si, par excès de prudence, ou par amour de la haine, je me chargeais journellement de ces mixtions vénéneuses; je n'en ai donc pas sur moi, chez moi non plus; il faut que je les prépare, et je remets à demain soir le combat. »

Le regard triomphant et dédaigneux avec

lequel Abatia s'adressa au jeune roi, lui exprima clairement, combien il le croyait supérieur à ce savant timide.

« — Alors, à demain au soir, soit, quelle sera votre victime, un cheval ou un chien ?

« — Certes, ici encore, je n'irai pas sciemment, répliqua l'illustre Paré, frapper de mort, et d'une mort douloureuse les deux plus vrais amis de l'homme, les plus sincères du moins, oh! j'en réponds; mais un méchant loup, fut hier le produit de la chasse royale, on se servira de ce mauvais garnement, je me charge de le tuer.

« — Et moi, de le rendre à la vie.

« — Non pas sans escamotage, car mon poison sera bon.

« — Ma potion est conservatrice, et si, en attendant, le roi veut la garder chez lui, il pourrait s'en servir, si par cas, quelqu'un autour de lui..... Prenez-garde, maître Paré, la boîte est bien fragile, la reine-mère et vous seul l'aurez touchée, à part notre invincible monarque; instruite de la destination que je lui réservais, elle a voulu le partage, elle l'a fait de sa blanche main. »

Paré déguisa mal un regard de méfiance, qu'il adressa non plus cette fois à l'homme, mais au flacon.

« — Je ne présume pas, dit-il, que le roi puisse s'en servir, pour soi ou pour autrui, avant d'en avoir fait faire l'essai.

« — Vous avez raison, maître Paré, reprit l'Italien, quant à moi, je vous apprendrai que pour s'assurer de la force et de l'innocence de la poudre, il faut en verser une pincée dans un gobelet rempli d'une eau vive; si la limpidité de celle-ci n'est pas troublée, la vertu de la poudre est irréprochable, mais si l'on y a introduit une matière étrangère, elle deviendra bleuâtre, et on la verra fermenter, pétiller, écumer et casser le verre; si un poison quelconque la souille, ceci proviendra de la goutte verdâtre que je vais laisser tomber du flacon que voici dans cette coupe élégante. »

Le roi curieux des expériences de chimie et de physique se rapprocha de la table où l'opération avait lieu. Ambroise Paré, non moins avide d'examiner un tour de passe-passe, examinait comme lui; tout à coup l'eau se noircit, ou plutôt prend une teinte bleu-foncé, elle bouillonne, écume, se soulève, fermente et le cristal est brisé en mille morceaux. Un cri d'étonnement échappa au prince, un cri d'horreur au chirurgien français, l'astrologue italien se tournant vers le roi :

« — Sire, dit-il, je conjure votre majesté de me faire charger de chaînes et de donner des ordres pour que votre parlement me parfaisse mon procès.

« — Signor, ce serait injuste, répliqua Charles, vous m'aviez prévenu de ce qui arriverait si la poudre était dangereuse, vous avez fait l'expérience, elle a prouvé votre savoir, vous n'êtes pas coupable.

« — C'est un jugement de Salomon, dit Paré. Oui, sire, ce charlatan est un honnête homme, j'espère le revoir, et que nous deviserons sciences, et même astrologie ensemble.

« — Ah! sire, s'écria d'Abatia, mes compatriotes sont d'odieuses gens, ceci part de l'école de Padoue.

« — Bon, dit étourdiment le chirurgien, ne serait-ce pas un tour de passe-passe, Florentin ? »

Un regard majestueux du roi punit Paré de son imprudence. L'Italien prêt à sortir se jeta aux pieds de Charles IX, en s'écriant :

« — Que jusqu'à ce qu'il m'ait revu, le roi se méfie de lui-même!

« — Soyez tranquille, bonhomme, ceci porte à la prudence, et n'ai pas besoin, je présume, de vous recommander la discrétion.

Ces deux personnages s'éloignèrent. Charles demeuré seul, se mit à lire avec un intérêt extrême les poésies de Charles, duc d'Orléans, et celles de Clément Marot; on eût dit qu'il cherchait à se perdre d'importuns souvenirs. Bientôt écartant les manuscrits élégans et enrichis de miniatures qu'il préférait aux livres nouvellement imprimés, il prit du papier, une plume, rêva, et peu après, les vers suivans alignés sous sa main, prouvèrent sa facilité extrême. Le romantisme n'existait pas; aussi, dans une époque romantique par excellence, ce fut de la poésie toute classique qu'il enfanta.

L'AMOUR RÉVEILLÉ.

NOUVELLE ANACRÉONTIQUE.

Sous un berceau de lis, de myrthes et de roses,
Un enfant reposait d'un tranquille sommeil;

Tout semblait, à l'envi, craindre son prompt réveil;
Les arbres défendaient ses paupières mi-closes
Des ardens rayons du soleil.
On n'entendait pas le ramage
Du rossignol muet en ce moment;
Zéphyre osait à peine agiter le feuillage,
Tandis que le ruisseau coulait plus mollement.

Trois aimables beautés erraient dans ce bocage,
L'enfant est aperçu. « Qu'il est joli! dit-on.
Tout plaît en lui, ses grâces et son âge;
On admire ses traits, sa bouche est un bouton.
« Il faut le réveiller, dit alors Caroline,
Je veux savoir son nom, son rang, son origine.
— Laissez-le, dit Victoire, et s'il fait le mutin?
Car si c'était l'Amour....? — Cœur faible, que t'importe!
Il est seul contre trois, notre armée est plus forte.
— Tu le verras soumis, du soir jusqu'au matin,
Dit Fanni, qu'on l'éveille. — Eh! de quelle manière?
— Baise ses yeux. — Comment l'oser?
— Cœur faible! L'on dirait que toi, sa prisonnière..... »

Fanni l'embrasse. Amour entr'ouvrant sa paupière,
Cherche le doux contact qui vient de l'embraser.
« Que je voudrais, nymphes jolies,
Leur dit-il, souvent sommeiller,
Si l'on devait me réveiller,
Par d'aussi charmantes folies!
— Au compliment que tu nous fais,
Nous te reconnaissons sans peine;
Toutes, soumises à ta chaîne,
En avons ressenti les célestes effets.
Mais aux lieux où, parfois, tu portes les alarmes,

Dois-tu marcher seul sans tes armes?
— Je n'en ai plus. — Elles faisaient tes charmes.
Pourquoi les oublier? — Non, je suis sans carquois.
On le remplissait d'or, et sous un si gros poids,
Il s'est brisé; mon arc a fait de même.
Quand Folie a voulu le soumettre à ses lois,
Elle l'a trop tendu, c'est un méchant système;
Avec la main, j'ai rompu le bandeau,
Il me blessait, la gêne était extrême.
Un soir et dans ce lit, dont il fait un tombeau,
Le froid Hymen, à la figure blême,
Bien sottement éteignit mon flambeau.
J'ai tout perdu, vous le voyez, mes belles.
— Tout! tout! pourtant ces longues ailes...?
— Je ne m'en servirai jamais.
L'on dit: L'enfant au gracieux sourire,
Et mon seul but est désormais
De vivre heureux et sans empire.
Pour m'enchaîner jusques au dernier jour,
N'employez pas la jouissance,
Mais vous enchaînerez l'Amour,
Tant qu'il gardera l'espérance.

*

XXXI.

La Coupe de Médée.

Une mère meurtrière de son fils ; celle qui donna la vie donne la mort.... Oh ! crime !

« — Madame la reine-mère! cria l'huissier de service. Les gardes frappèrent de leurs talons contre le plancher et augmentèrent ce bruit sourd par celui du cliquetis de leurs armes.

Il se fit un grand mouvement, et le roi, instruit que Catherine approchait, se hâta de cacher son cahier de poésies sous le tapis de velours du bureau; puis, lui-même, troublé comme s'il eût fait un acte coupable, il se leva et marcha vers la porte par où sa mère arriverait; celle-ci, en effet, le trouva devant elle, aussitôt qu'à son approche on eût retiré à droite et à gauche les riches portières de brocard de soie, bordées de larges franges et de dentelle d'or.

« — Oh! monsieur mon fils, dit la grande dame, on ne vous surprendrait pas dans votre appartement; quel luxe de gardes, d'écuyers, de pages, de hocquetons, d'archers écossais! En vérité, votre chambre est une place imprenable.

« — On en a si nouvellement fait le siège avec une telle énergie, que mes amis et mes fidèles se relèvent pour ne pas me laisser seul.

« — Et bien ils font, mon fils, car il y a tant de mauvais esprits, tant de personnes qui rêvent l'impossible, que je ne reconnais plus mon gendre depuis que messire Bernard d'Abatia lui a promis une autre couronne.

« — Est-il le seul à qui l'on ait adressé cette prédiction ? On a promis un diadême à mon cousin de Guise, et trois couronnes à mon frère de Pologne.

« — Folies ! enfantillages ! laissons les devins faire leur métier, aimez votre frère, car il vous aime sincèrement ; ce pauvre Henri, il est si malheureux ! Là, presque au bout du monde, il recevrait un grand soulagement si votre majesté le conviait à venir passer quelques mois à Paris.

« — Je suis trop attaché à mon frère, je connais trop bien ses devoirs de roi pour l'enlever ainsi à son peuple ; qu'il sache porter son fardeau ainsi que je traîne le mien.

« — Gardez-le long-temps, cher enfant, objet de mes affections pures, oubliez mes velléités ambitieuses; je les croyais utiles à votre santé, et les retire dès qu'elles vous blessent; n'en parlons plus. Quant au duc de Guise, il partira cette nuit; Birague me suivra, car toute réflexion faite, l'envie me gagne de revoir mes proches en Toscane, puis, j'irai consoler votre frère... Mon fils, je pars après-demain.

« — Aussi tôt?

« — Que voulez-vous, quand un roi atteint l'âge où les conseils lui sont inutiles, il convient de le laisser voler de ses propres ailes. Vous avez du sens, de l'esprit, de la conduite, de bons ministres; je peux vous laisser sans m'en inquiéter, je vous reviendrai... »

Elle embrassa le roi qui lui rendit ses caresses avec effusion; une conversation douce, tendre s'engagea, pendant laquelle mademoiselle de Châtillon, l'une des filles d'honneur de la reine, et que le roi avait paru un instant voir avec plaisir, entra, portant sur un plateau d'or une écuelle émaillée de pierres précieuses avec son couvercle représentant un lion écrasant un serpent, et en outre, soutenant le noble écusson de France. Mademoiselle de Châtillon posa le tout sur une petite table en incrustation de Florence; elle fit sa plus gracieuse révérence que le roi ne vit pas, alors un léger nuage ayant couvert son joli front, elle se retira. La reine-mère étendant négligemment la main vers l'écuelle, dit :

« — Me voilà rentrée dans mon droit. Oh! qu'en être privée m'a coûté de larmes !.. Silence, mon fils, qu'il en soit du passé comme de l'avenir; ni l'un ni l'autre n'existent; reconnaissez-vous cette pièce d'orfèvre? Le grand roi, mon beau-père, me l'a donnée à votre naissance, elle m'est précieuse... et comme c'est le dernier breuvage que ma main vous offrira, gardez-la, bon enfant, en signe de réconciliation complette. O mon Dieu! poursuivit-elle en levant ses mains au ciel, punissez-moi comme je le mériterai si jamais j'oubliais mes devoirs de mère envers des fils dignes de mon amour. »

De sinistres pensées, des prévisions fatales s'étaient un moment présentées au roi; mais il en eut horreur; elles lui parurent un parricide et il les repoussa avec indignation. Il aurait dû peut-être se ressouvenir de la circonstance dernière, lorsquela poudre salutaire d'Abatia avait parue empoisonnée; mais, loin d'en accuser sa mère, il n'y voulut voir qu'un tour de passe-passe de l'astrologue, afin de gagner sa confiance, ou un tour joué à celui-ci pour le perdre, par des ennemis jaloux de sa position à la cour. Il allait donc prendre la potion médicale, lorque sa mère lui arrêtant le bras :

« — Charlot, dit-elle en employant le nom de mignardise dont elle se servait dans la jeunesse du prince, mon doux enfant, mon mignon, voyons, fais-moi part, au moment où je te quitte, de tes projets pour l'avenir ?

« — Ils sont sages, ma mère, exil éternel des mécontens, entière tolérance religieuse, diminution des impôts, un code uniforme, et surtout le règne du roi seul, sans influence même des plus proches, séparation pénible, mais forcée et à jamais, avec le roi de Pologne, tâcher de placer avantageusement et vite hors du royaume le duc d'Anjou, vous combler de biens dans le lieu qui sera votre retraite, et alliance intime avec le roi de Navarre.

« — Prenez-garde, dit Catherine avec une expression singulière, que si vous tardez encore à prendre cette boisson calmante, elle sera par trop refroidie, et son effet manquera d'autant. »

Charles IX, tout à ce qu'il disait, leva le couvercle de l'écuelle, la prit par ses deux anses et la porta à ses lèvres. La reine se retourna et parut examiner la fameuse sainte Famille, don de Raphaël à François Ier. Quand elle se retourna, et quand ses yeux se dirigèrent vers son fils, celui-ci vit le front de Catherine sillonné d'épaisses gouttes de sueur; lui-même, par l'effet de l'action de la potion encore presque brûlante, éprouva le même état, il sentit son sang bouillonner et courir avec rapidité.

« — Ce mélange, dit-il, de plantes bienfaisantes, semble augmenter la vie en moi, j'éprouve une douce chaleur intérieure, mon cœur accélère ses battemens, mes poumons se dilatent.

« — Oh! le remède est fait avec soin; Laura va elle-même choisir les simples, je les prépare; qui aura cette sollicitude maternelle lorsque je ne serai plus là?

« — Pourquoi me quitter? ne pouvez-vous être ma meilleure amie? ce n'est pas moi qui vous renvoie, c'est vous qui partez.

« — Quoi! vous me garderiez auprès de vous?

« — Sans doute, si vous vouliez être bonne mère, attendre mes confidences, mes demandes de conseil...

« — Il est trop tard, dit la reine, comme si une montagne l'eût accablée, ce qui est fait est fait, je ne peux me laisser taxer d'irréflexion..... Il est tard, c'est l'heure de mon coucher, songez au vôtre...... Heureux sera le moment où je vous reverrai selon mon désir. »

Elle baisa le roi au front, le roi lui rendit tendresse pour caresse, la prit par la main et la conduisit ainsi jusques à la première antichambre. Au retour, il fit signe au baron de Lespare, à Clair et à Brusquet, qui tous les trois causaient ensemble, de le suivre chez lui.

Depuis quelque temps, les horribles cauchemars qui le tourmentaient lui avaient enlevé le sommeil; il ne se couchait plus, en ce sens qu'il demeurait habillé et s'alongeait sur un lit de repos, sur lequel il ramenait une couverture d'édredon; cette nuit, faisant comme la précédente, il se mit au lieu où il voulait reposer, et lorsqu'il se fut arrangé à sa fantaisie, lorsqu'il eut renvoyé ceux du service intime:

« — Eh bien! Brusquet, dit-il, ma mère nous quitte.

« — Mais, sire, elle est au Louvre.

« — Oui..... après-demain elle partira.

« — Non pas après-demain, mais, sire, lors de la semaine des quatre jeudis.

« — Fol incorrigible et têtu, je ne sais qui me retient de te faire donner le fouet.

« — Eh ! sire, je ne le fuirai pas, à condition toutefois qu'il aura lieu après le départ de ma mère et reine Catherine de Médicis.

— « Clair, dit Charles en s'adressant au jeune homme, demain à six heures précises, tu conduiras ici, en passant par l'escalier secret, ma douce et belle Marie ; qu'elle croie encore aller vers le simple Lothaire de Laon ; et toi, baron de Lespare, fais une ronde perpétuelle dans le château, surveille le départ du duc de Guise..... Je ne sais ce que j'éprouve, est-ce le besoin du sommeil, mes yeux se ferment, mes membres s'engourdissent, j'ai la tête pesante et le cœur embarrassé. Hélas !.... j'ai eu tant de fatigues, j'ai tant souffert que je vois la cause forcée de mon assoupissement. »

Le roi ferma les yeux, son visage se colora et l'on vit sa poitrine haleter.

« — Singulier repos ! dit le fou, si j'allais chercher Paré ?

« — Pour réveiller cet infortuné ? dit Lespare, d'ailleurs le voilà plus calme. »

Brusquet examina le roi, fit quelques pas, eut l'air de réfléchir.

« — Sortons, messieurs, dit le capitaine des gardes, le roi dort.

XXXII.

Trois Rois.

Le roi est mort !... vive Henri III !..
vive Henri IV !

Un jour faible et douteux brillait à peine, lorsque Marie déjà levée, tant était grande son impatience, vit entrer chez elle le jeune Clair, qui renfermant en lui tout ce que son âme avait de peine, lui dit être à ses ordres.

« — Oh! mon ami, dit-elle, vous qui seul me comprenez, je vais le voir, ce doux amant, il va m'expliquer sa conduite, se justifier à mon cœur, j'en ai besoin, il m'en coûte tant de le croire coupable.

« — Il ne l'est pas, je vous l'assure, il reste digne de votre estime et de votre amour. »

Marie, charmée d'entendre louer ainsi l'objet de ses plus vives affections, remercia le jeune Clair par un de ces regards qui agitent une âme. Aussi, lui tout ému :

« — Qu'il soit heureux, dussé-je mourir à la vue de son bonheur. »

C'en était assez pour apprendre à Marie ce qui se passait dans l'âme de son compagnon; elle-même, émue et remplie d'une douce pitié, évita de répondre et se mit à marcher. Lechard connaissait déjà les détours secrets du château. L'escalier à vis fut bientôt franchi, puis ils suivirent un long passage très étroit, qui aboutissait à une porte de fer; elle s'ouvrit et l'on entra dans une vaste chambre décorée avec la magnificence royale, et ce qui frappa d'abord Marie, ce fut de voir au-dessus d'une forme recouverte d'un tapis de velours bleu, semé de fleurs de lis d'or, la main de justice, l'épée, le sceptre et la couronne de France, posés sur un coussin cramoisi et richissime par sa matière et ses broderies.

Mais l'attention qu'elle eût pu accorder à ces augustes insignes, tarda peu à être détournée par l'aspect de son amant couché sur un lit de repos, où haletant, frissonnant il se montrait pâle, et déjà présentant sur ses traits des teintes verdâtres et cadavéreuses. Le reconnaître, apprécier son état maladif, oublier les griefs passés, courir à lui, le serrer dans ses bras et l'inonder de pleurs, furent les actes instantanés de Marie; mais Charles encore sous le charme terrible de son sommeil de mort, ne la comprit pas, et son instinct d'amour ne lui apprit pas que c'était elle : réveillé en sursaut d'un assoupissement, il repoussa d'un geste machinal son amie, et se redressant sur son séant, tandis que sa figure prenait une expression effrayante.

« — Oh! Coligny! cria-t-il, pourquoi cette presse? je ne t'échapperai pas; nous nous rejoindrons, sois tranquille, ma parole est sacrée, je réparerai pendant ma vie le mal que j'ai fait.... Mais tu hoches la tête, tu t'impatientes, tu as hâte que je parte.... Accorde-moi quelques jours, que je puisse les consacrer à mes amis réels et à cette pauvre et douce fille... Halte, mes gardes! à moi, mon épée, mon cheval de bataille... Montjoie, Saint-Denis, voici les traîtres, ils en veulent à votre roi; sus, sus, guerre à mort à ces Lorrains, à ces Italiens.... Aux armes! vite, vite... Dieu, sauve le roi! »

Sa voix, d'abord faible, avait augmenté de

volume à mesure que les phrases sortaient pressées de sa bouche ; elle devint tonnante aux derniers mots ; aussi trois portes furent instantanément ouvertes. De l'une, sortirent les gens du service intérieur ; de l'autre, le fol Brusquet, et de la troisième, le baron de Lespare suivi de quelques gardes nobles et de plusieurs seigneurs.

La présence de Marie, à demi expirante dans les bras de Clair, étonna d'abord ceux de la maison ; ils tardèrent peu à deviner ce qu'elle pouvait être, et nul dès lors ne l'approcha qu'avec des marques de respect. Anéantie par ce qu'elle venait d'entendre, ayant un vague soupçon de la réalité, éperdue, épouvantée, tremblante, à peine si elle aussi tenait à la vie.

Le baron, dès qu'il eut examiné Charles IX, poussant un cri horrible et ne pouvant se vaincre :

« — O Dieu ! dit-il, le roi se meurt ! »

Il eût voulu, au prix de son existence entière,

pouvoir retirer ces fatales paroles. Il n'était plus temps. Déjà Brusquet, deux valets de chambre et deux seigneurs s'étaient empressés de quitter la chambre. Charles, dont la tête penchait sur sa poitrine, la releva majestueusement.

« — Oui, dit-il, le roi meurt et le roi meurt empoisonné! Aussitôt il retomba sur le lit de repos, mais non seul, car on vit une jeune fille, tout-à-l'heure anéantie, reprendre une force de lion, s'élancer vers le roi, le serrer dans ses bras et suivre ses mouvemens, tandis qu'elle gémissait, soupirait, prononçait au hasard des mots entre-coupés:

« —Est-ce toi, Lothaire? vous, sire?... O bonheur! ô délectation éternelle!... C'est vous.... vous.... vous.... Le roi m'aimait.... le roi.... Ah! malheureuse! et ton père? »

Marie s'évanouit.

« — Chère créature! dit Charles en l'attirant sur lui et ne voulant pas souffrir que Lespare la déposât sur un fauteuil voisin, qu'on ne me prive pas du plaisir de la voir à mon heure suprême.

« — Oh! dirent les seigneurs, le roi ne mourra pas, c'est une crise.... favorable, oui, certainement.... Le roi va revenir à la santé, Dieu le doit à nótre amour : Vive le roi!

Ambroise Paré accourut à demi-vêtu, il s'approcha de sa majesté, se mit à genoux afin de mieux examiner l'état normal du malade.

« — Mon vieil ami, lui dit Charles, il me faut la vérité; me tromper serait un crime.

« — Sire, repartit l'habile docteur, le roi sera sauvé ; j'ai passé la nuit avec cet excellent d'Abatia à faire l'analyse de sa poudre fameuse; elle est fameuse, je dois l'avouer. »

Quelques témoins coururent chercher l'astrologue. Brusquet rentra, lui à son tour, accablé.

« — Folie dans la sagesse, dit-il, l'astrologue, hier, prévoyait-il sa mort pour cette nuit?

« — Sa mort? répéta Paré.

« — On l'a trouvé, ce matin, dans son lit, étranglé; ses armoires étaient enfoncées, et l'issue secrète qui lui permettait la sortie du Louvre toute grande ouverte.

« — Alors, dit le roi, je n'ai plus qu'à recommander mon âme à Dieu. »

A cette phrase prononcée énergiquement, Paré baissa la tête, Marie se releva, poussa des cris horribles, et s'emparant de la dague du roi, la porte vers son sein; mais Clair Lechard veillait sur elle; il détourna le coup, lui enleva l'arme fatale, et tout cela si vite qu'à peine on put l'apercevoir.

Cependant Paré ordonnait des potions bienfaisantes, mais il fallait aller les quérir, les faire composer, les rapporter, et le mal cheminait avec une telle vivacité que la vie fuyait à chaque seconde. Sur ces entrefaites parut le roi de Navarre.

« — Mon frère, dit Charles, vous êtes libre, songez-y. Je vous recommande mes amis et cette malheureuse fille, ce bon jeune homme (il désignait Clair), le pauvre Brusquet et l'excellent Lespare. Mon frère, un jour cette couronne vous appartiendra, oh! alors qu'elle sera glorieusement portée!

Les forces du roi diminuaient déjà, la chambre devenait solitaire à l'arrêt lancé par la science, chaque courtisan était sorti pour se rendre vers la reine-mère. Le clergé accourut, il fallut que Clair enlevât Marie inanimée, et la conduisît dans une pièce voisine; les devoirs religieux accomplis, les remèdes appliqués, un voile noir tomba sur les yeux du monarque. Sa mère entrait en ce moment.

« — Voici la nuit éternelle, dit le roi, je ne la verrai finir qu'au jour fatal de ma dernière condamnation. Madame Catherine de Médicis, Réné de Birague, duc de Guise, cardinal de Lorraine, maréchal de Tavannes, vous comparaîtrez avec moi devant le juge suprême; je dirai ce que vous fûtes..... Français, Charles IX est innocent de la Saint-Barthélemy, il vient de nommer les coupables..... ô Coligni! te voilà encore ! eh bien! cette fois je ne dis pas non; guide-moi vers mon supplice..... Oh! non, je me repens, Dieu est juste.

Il retomba, et Ambroise Paré ayant mis sa main sur le cœur de cet infortuné, écouta en silence un peu de temps, puis d'une voix lugubre, et se redressant, il dit :

Le roi est mort!

« — Vive sa majesté Henri III, roi de France et de Pologne! » ajouta Catherine de Médicis.

On n'a jamais su d'où partit cette voix formidable, qui, ébranlant Vincennes jusques aux fondemens, cria tout aussitôt :

« — Vive Henri IV ! »

FIN.

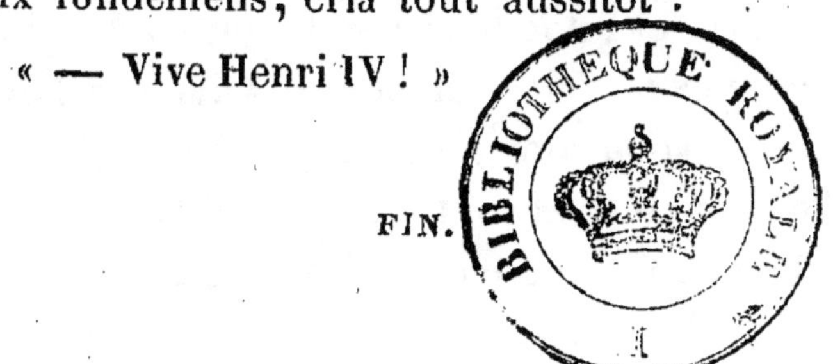

LES NUITS DE VERSAILLES,

OU

LES GRANDS SEIGNEURS EN DÉSHABILLÉ.

ESQUISSES PITTORESQUES,

Recueillies sous MM. les lieutenans de police de La Reynie, d'Ombreval, Hérault, Le Voyer d'Argenson, Sartines, Lenoir, Berrier, etc.

PAR E. GUÉRIN.

QUATRE VOLUMES IN-OCTAVO.

Versailles !!! ce nom résume à lui seul deux siècles d'illustration dont la France s'honore ; Versailles fut le berceau de toutes ses gloires, le foyer où elles venaient se raviver à l'ombre de ce soleil des humains, qui alors s'appelait le pouvoir absolu, c'est-à-dire Louis-le-Grand, et plus tard, le pouvoir débonnaire sous le règne du *Bien-Aimé;* Versailles, comme le fit Louis XIV, acquit une grande importance, et tandis que la bonne ville de Paris, la capitale aux mille ressources, restait plongée dans une torpeur, d'où les luttes courageuses des parlemens ne purent la faire sortir, Versailles voyait s'accroître chaque jour sa brillante population de seigneurs et de financiers, d'officiers de tous les grades et d'administrateurs de tous les rangs.

On avait un hôtel à Paris, où on ne logeait jamais, et un pied-à-terre à Versailles, qu'on habitait toute l'année. La cour ne faisait que de rares excursions dans les châteaux du domaine royal, aussi l'affluence des courtisans, des solliciteurs et des provinciaux était toujours la même à Versailles; hôteliers et taverniers, barbiers-étuvistes et maîtres de tripots non autorisés, tous ces gens-là faisaient rapidement de grosses fortunes qui, de nos jours, et grâce au merveilleux Musée Louis-Philippe, pourront se renouveler, et dédommager la classe industrielle de cette ville, du sommeil léthargique et ruineux que les journées d'octobre de 89 lui imposèrent, comme pour la punir de sa scandaleuse opulence et de sa brillante prospérité.

Nos chroniqueurs nous ont montré déjà Versailles, à l'OEil-de-Boeuf; Versailles, officiel et paré, qui ne sortait qu'après avoir mis son rouge et ses mouches, et rattaché les nœuds de ses rubans; il restait à peindre, à retracer les *Nuits de Versailles* sur lesquelles on a glissé pour ne point éveiller les susceptibilités ombrageuses de la camarilla, toute-puissante pendant les dernières années de la restauration.

Versailles galant et bigot sous le grand roi, joueur et libertin fieffé pendant un règne qui précéda la tourmente révolutionnaire, Versailles ressemblait à la maison de verre du philosophe de l'antiquité : rien ne s'y faisait qu'on ne le sût aussitôt chez les La Reynie, les d'Argenson, les Lenoir et les Sartines qui faisaient relater, par des scribes obscurs, les peccadilles venues à leur connaissance, afin de s'en servir dans l'occasion.

Dame police avait déjà des raffinemens ingénieux dans sa manière de surveiller ceux qu'on lui désignait du doigt.

En publiant nos *Nuits de Versailles*, nous avons voulu combler une lacune qui existe dans nos chroniques si riches de faits et d'évènemens; le cadre, que nous avons choisi, nous permet de mettre en relief les grands seigneurs de ces deux siècles, de les représenter, non plus guindés et soumis aux exigences de l'étiquette, mais dans le secret de l'intimité, alors qu'ils ne jouaient plus cette ennuyeuse comédie appelée *vie sociale*. Bien des révélations piquantes, des anecdotes, que nous saurons couvrir d'un voile pudique, des secrets de famille, enfouis jusqu'à ce moment, surgiront de notre publication, pour laquelle nous avons fait d'utiles et de précieuses recherches; nous inquiétant peu des récriminations qu'elle pourra soulever, nous entrons en lice, en criant :

Honni soit qui mal y pense!

Les Nuits de Versailles formeront quatre beaux volumes in-octavo, imprimés avec soin.

La première livraison, composée de deux volumes, paraîtra le 15 novembre prochain.

LACHAPELLE.

LAGNY. — IMPRIMERIE D'A. LE BOYER ET COMPAGNIE.

SOUS PRESSE :

RÊES DE TRIANON,

PAR E.-L. GUÉRIN,

auteur des *Nuits de Versailles*, des *Dames de la Cour*, etc.

2 vol. in-8.

LA PRINCESSE LAMBALLE

ET

MADAME DE POLIGNAC,

PAR E.-L. GUÉRIN,

2 vol. in-8.

LE BOUQUET DE LA REINE,

PAR AMÉDÉE DE BAST.

2 vol. in-8. — 15 f.

L'ESPION RUSSE,

OU

LA SOCIÉTÉ PARISIENNE,

PAR

Mme LA COMTESSE O**** D****,

AUTEUR DES MÉMOIRES SUR LOUIS XVIII.

2 vol. in-8.

La Duchesse de Valombray,

PAR MADAME JUNOT D'ABRANTÈS.

2 vol. in-8.

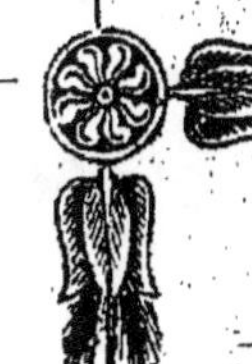

www.ingramcontent.com/pod-product-compliance
Lightning Source LLC
LaVergne TN
LVHW020556110826
845149LV00002B/288